F. A Heidinger

Nach dem Klostersturme

F. A Heidinger

Nach dem Klostersturme

ISBN/EAN: 9783743410145

Hergestellt in Europa, USA, Kanada, Australien, Japan

Cover: Foto ©Lupo / pixelio.de

Manufactured and distributed by brebook publishing software (www.brebook.com)

F. A Heidinger

Nach dem Klostersturme

Nach dem

Klostersturme.

Von

F. A. Heidinger.

Wien, 1870.
Verlag von Mayer & Compagnie,
Singerstraße, deutsches Haus.

Wie auf ein gegebenes Zeichen brachen im Juli l. J. aus allen Ecken die Stürmer hervor, um das Bollwerk der katholischen Kirche, ihren Ordensstand, in Oesterreich wenigstens, niederzuwerfen und dem Erdboden gleich zu machen. Wie verstand man es da, sich an das sittliche Gefühl zu wenden, das noch im Volke wohnt, die Klöster als „Sitze der Tyrannei" und „Brutstätten des Lasters" zu schildern, um so einen scheinbar ganz gerechten Grund für ihre Aufhebung zu gewinnen! Aber die Waffen und Geschütze, die man gebrauchte, erwiesen sich als schlecht, als untauglich. Da war der Vorfall in Krakau, der den Hauptmauerbrecher abgeben sollte; mehrere Tage lang leisteten die Blätter das Höchste, um daraus ein „grauenvolles Verbrechen" zu machen und zu zeigen, wie alle vorgebliche Frömmigkeit in den Klöstern nur Heuchelei sei. Und was war der Erfolg? Die Schlußverhandlung hat zwar noch nicht stattgefunden, aber selbst aus liberalen Blättern konnte man sich bald die Ueberzeugung verschaffen, daß die Karmeliterinen zu Krakau sonst nichts verbrochen haben, als daß sie mit einer irrsinnigen Schwester aus bloßer Rücksicht für die Sittlichkeit zwanzig Jahre lang ein schweres Kreuz getragen und sie im Kloster ebenso gut behandelt haben, wie sie im Irrenhause behandelt worden wäre; daß sie dieselbe nicht in's Irrenhaus gegeben haben, wozu kein Gesetz sie verpflichtete. Die photographischen Abbildungen der Barbara Ubryk aber waren bloße Phantasiestücke. Da berichtete man aus Prag von einer Klosterfrau, die sich im Gefängnisse das Leben genommen habe, und die gerichtliche Untersuchung — führte nicht zu dem „mindesten belastenden Ergebniß." Da wurde in derselben Stadt ein 71jähriger, von Schmutz und Unrath fürchterlich zugerichteter Greis in einem Kloster entdeckt; bei näherer Untersuchung — verwandelte er sich in einen alten Pater, der es nicht gerne hat, wenn man ihn wegen Reinigung des Locales in seinem Zimmer stört. Da wurden zwei unterstandslose Klosterfrauen aus Krainburg auf der Flucht in ihre Heimat bei Wr.-Neustadt aufgegriffen, man wußte sogar ihre Namen; es fand sich aber bald — daß in Krainburg gar kein Frauenkloster bestehe. Da wußte ein Wiener Professor eine Schauergeschichte von einem Jesuiten zu erzählen, der eines Tages verschwunden sei und von dem man bis heute nichts mehr gehört habe; und es dauerte nicht lange, so fand man ihn schwarz auf weiß im Schematismus der Diöcese Przemysl als Pfarrer eingetragen! Da fand man einen todten Jesuitenpater in Eisen im Sarge liegen, der „gewiß" durch eine grausame Folter seinen Tod gefunden hatte; und was war es? In einem Sarge hatte man ein Durcheinander von Menschen- und Thierknochen und Steinen und eine silberne Schuhschnalle (!) gefunden. Da wurde eine geheime Geschichte von einem Verbrechen gegen die Sittlichkeit, das sich im Wiener Redemptoristen-Kloster zugetragen habe, erzählt; und siehe da — die (sehr merkwürdige) Gerichtsverhandlung hierüber erwies, daß dieses

Verbrechen in keinem Kloster und von keinem Geistlichen geschehen sei.[1]

Kurz, es ging mit allen diesen Enthüllungen aus den Klöstern, wie mit der Geschichte vom Bruder Marinus im k. k. Waisenhause zu Wien, die sich als eine Lüge, als ein Weiberklatsch erwies und nur an den Tag brachte, mit welchem Ernste die Disciplin unter den Schulbrüdern gehandhabt werde. Also, wo sind jetzt die Beweise dafür, daß die Klöster Sitze der Tyrannei und Brutstätten der Laster seien, wie steht es mit den Gründen, die man für ihre Aufhebung in's Feld führte? Das Ministerium des Cultus ließ allen Ordenspersonen verkünden, daß sie vom Staate aus volle Freiheit hätten, ihr Kloster zu verlassen, wenn es sie dort nicht mehr freue, daß es unter schweren Strafen verboten sei, sie mit Zwang dort zurückzuhalten; aber die Schaaren unzufriedener Klosterleute, die man sich vielleicht erwartet hat, sind bis heute noch nicht erschienen!

Wahrlich, wenn alle Stürme gegen die Klöster mit gleichem Erfolge enden, dann können diese wohl zufrieden sein!

Die Anklagen gegen die Klöster hatten also volle Freiheit und sie ergossen sich auch wie ein schäumender und tosender Waldstrom — wenn etwas Gutes an den Klöstern ist, soll es nun nicht ebenfalls an die Oeffentlichkeit gebracht werden? Wer kann sich sonst das rechte Urtheil bilden? Wie kann sich sonst hierüber eine „geläuterte öffentliche Meinung" bilden?

---

[1] Die ganze Verhandlung nach stenographischen Aufzeichnungen ist zu haben in der Buchhandlung von Mayer u. Comp., um 3 Nkr.

VI

Diesen Dienst will die vorliegende Schrift leisten, nachdem der Sturm sich gelegt hat und daher keine Gefahr mehr besteht, daß sie durch sein Geheul übertönt werde.

Wird diese Schrift ebenso eifrig gelesen werden, als die Anklagen gegen die Klöster? Das wäre doch ein gutes Zeichen, daß die Gegner der Klöster aufrichtig nur die Wahrheit suchen.

Da aber gewichtige Gründe vorhanden sind, dieß zu bezweifeln, wendet sie sich vorzugsweise an die Freunde der Klöster und erwartet von diesen ihre Verbreitung. Wohl brauchten die Gegner sie nicht mit Mißtrauen wegzustoßen, denn es sprechen in derselben zum größten Theile Protestanten, Ungläubige oder Andere, die nicht im Mindesten ein persönliches Interesse antreiben konnte, für die Klöster Partei zu ergreifen. Aber was will man machen mit Jenen, die nun einmal schon warten auf den Profit, der bei Einziehung der Klostergüter in ihre Taschen fallen soll? Wie vermöchte man diese zu überzeugen, daß das Fortbestehen der Klöster nützlicher sei? — Was ist zu machen mit der „verkohlten Masse", der jede ernste Erörterung zu langweilig ist und die sich in Ermanglung eines selbstständigen Urtheils am Liebsten auf die Seite hält, wo „geschimpft" wird? — Was ist zu machen mit Jenen, die desto wüthender werden, je mehr man ihnen das Gute auseinandersetzt, das die Klöster wirken, da sie dieselben eben deshalb hassen, weil sie Gutes wirken und so eine Stütze des alten katholischen Glaubens sind? Für Jene endlich, die Jeden für einen Müssiggänger halten, der nicht mit Hammer oder Schaufel arbeitet, Jeden für einen reichen Mann, der auch

VII

an Wochentagen einen schönen Rock trägt, und die einen Solchen mit scheelen Augen ansehen, wäre diese Schrift nicht populär genug.

Darum wendet sich diese Schrift also an Solche, die einige Bildung besitzen, die kein persönliches Interesse an der Aufhebung der Klöster haben und auch geneigt sind, sich über den Nutzen der Klöster zu unterrichten; vorzüglich aber an die Katholiken, die hierüber eine Belehrung wünschen, theils für sich, theils um sie Andern in die Hand geben zu können.

Besonders aber hat sie es auf die katholischen Vereine abgesehen, welche sich die Aufgabe gestellt haben, die Rechte der katholischen Kirche zu vertheidigen, katholische Gesinnung in immer weiteren Kreisen zu wecken. Für diese glaubt sie ein erwünschtes Hilfsmittel zu sein. Mögen diese also ihr Möglichstes zu ihrer Verbreitung beitragen.

Viele Menschen können sich von dem Leben in einem Kloster gar keine Vorstellung machen. Dieß gibt oft Anlaß zu irrigen Ansichten und in Folge dessen zur Feindschaft gegen die Klöster. Eine kurzgefaßte Belehrung über das Ordensleben ist in dem Schriftchen: Ordensstand und Klöster, Wien bei Sartori, geboten. Da dieses die vorliegende Schrift ergänzt, so wird es hiermit empfohlen.

Die vorliegende Schrift ist zum großen Theile Uebersetzung aus dem Buche: Les ordres monastiques et religieux, par Éd. Ducpetiaux; Bruxelles (Victor Devaux) et Paris (Victor Palmé) 1865. 225 Seiten. Ducpetiaux, 1804 zu Brüssel geboren, wurde Advocat, nahm großen Antheil am Unabhängigkeitskampfe Belgiens 1830 und wurde nach

VIII

demselben zum General-Inspector der Gefängnisse und Wohlthätigkeits-Anstalten ernannt. Er betheiligte sich lebhaft an den statistischen und öconomischen Congressen der neueren Zeit und war der Gründer und General-Secretär der belgischen Katholiken-Vereine und Congresse. Er starb 21. Juli 1868. Sein Buch erscheint hier in veränderter Eintheilung und Zusammenstellung und, um der Kürze willen, mit vielen, aber nicht wesentlichen Weglassungen. Folgendes ist in vorliegender Schrift aus Ducpetiaux entnommen: Die erste Frage mit Ausnahme der Anmerkungen; die zweite Frage mit Ausnahme der Einleitung und der Anmerkungen; die dritte Frage bis Seite 83, mit Ausnahme der Einleitung, der Anmerkungen und des Citats aus Cobbett S. 39; von Seite 83 an die Citate über die Schulbrüder, das Citat über die Ursulinerinen von Mad. Jameson, die beiden Citate aus der Revue Britannique, die Citate aus Lavergne in der vierten Frage und aus Voltaire und Proudhon im Schlusse. Alles Uebrige hat der gefertigte Uebersetzer hinzugegeben.

F. Heidinger.

Einleitung.

Immer mehr enthüllen auch in Oesterreich die Wortführer der Tagespresse, die verschiedenen liberalen und democratischen Vereine ihre tiefe Feindschaft gegen das positive Christenthum und insbesondere gegen die katholische Kirche, welche diesem die festeste Stütze gewährt. Hat man nicht oft genug in den Blättern gelesen und in den Vereinen rufen gehört: „Nieder mit dem Concordate"? Was ist aber das Concordat? In seinem tiefsten Grunde die Magna charta, der Freiheitsbrief der katholischen Kirche, nach ihren Lehren, die sie mit festem Glauben als göttliche Offenbarungen erkennt, leben und sich entwickeln zu können. Und nicht um einzelne Bestimmungen des Concordates handelt es sich in dem Kampfe gegen dasselbe, sondern um diesen tiefsten Grund, um die Anerkennung von Seite des Staates, daß die Kirche Rechte von Gott, daß sie überhaupt selbstständige Rechte habe, die auch der Staat nicht antasten dürfe; das ist es, was diese Partei nicht gelten lassen will und darum ruht sie nicht eher, als bis das Concordat ganz aufgehoben ist. Die Kirche soll kein anderes Recht haben, als welches ihr der Staat gewähren will und mit seinen Zwecken vereinbar findet. Ist das erreicht, dann ist die Kirche ausgeliefert in die Hände des Staates, dann kann sie sich auf kein göttliches Recht, auf keine Aufgabe, die ihr Gott zum Heile der Seelen übertragen hat, mehr berufen, sie muß sich den Zwecken eines glaubenslosen Staates unterordnen, und sehen, ob es ihr möglich ist, auch noch den Zwecken zu genügen, zu denen Gott sie eingesetzt hat.

Damit die Kirche sich erhalte, nicht allmälich ihre Mitglieder durch den Unglauben verliere und so endlich ganz aufhöre, in den bisher christlichen Ländern zu bestehen, ist unumgänglich nothwendig, daß sie einen Einfluß auf die Jugend habe, daß sie auf die religiöse Erziehung der Jugend hinwirken könne. Von der größten Bedeutung für die Erziehung der Jugend ist aber die Schule. Die Schule wirkt oft mehr als das Elternhaus. Eine schlechte Schule aber verdirbt auch noch das Gute, das die Eltern angepflanzt haben. Die Jugend ist aber die künftige Generation. Hat die Kirche also keinen Einfluß auf die Schule, auf die Lehrer, so wird ihr ein großer Theil der künftigen Generation entrißen werden, so muß sie allmälich verkümmern. Nun ist aber eben das Losungswort der erwähnten Partei: Trennung der Schule von der Kirche! Also die Kirche untergeordnet einem glaubenslosen Staate, die Jugend in den Händen einer glaubenslosen Schule, das wären die Ziele, welche diese Partei erreichen möchte und nach dem bisherigen auch erreichen wird, wenn sie noch lange die treibende bleibt und die Katholiken sich so wenig wie bisher ihrer religiösen Rechte und ihrer Kirche annehmen.

In neuester Zeit hat der Vorfall im Karmeliterinen-Kloster zu Krakau Anlaß geboten, einen Schritt auf dieser Bahn weiter zu machen und nun auch die Aufhebung der Klöster zu verlangen. Mit dem Sturme, der da losgebrochen ist, hat jene Partei das unwiderlegliche Zeugniß abgelegt, daß sie auch in das innere Leben der katholischen Kirche eindringen will, daß sie auch bereit ist, der Kirche selbst da Gewalt anzuthun, wo sie einfach nur ihren Glauben ausüben will. Denn das wäre offenbar der Fall, wenn die Klöster aufgehoben würden. Wir wollen dieß hier für Freund und Feind ausführlicher darlegen.

Was zum Glauben des Katholiken gehöre, ist zu allen Zeiten, seit dem Bestehen der katholischen Kirche bis auf unsere Tage, nicht von den Meinungen der Einzelnen abhängig gewesen, sondern von den eigens dazu bestellten Vorstehern der Kirche entschieden worden und wer sich diesen Entscheidungen nicht fügen wollte, wurde zu jeder Zeit aus der Kirche ausgeschlossen. Das war beständige Uebung in der katholischen Kirche, das ist ihr Fundamentalsatz, das ist es, worin sie sich hauptsächlich von allen Secten unterscheidet. Die Geschichte der Kirche liefert den Beweis hiefür auf jedem Blatte. *) Maßgebend sind die Aussprüche der Concilien und der Päpste, das übereinstimmende Zeugniß der Väter und die allgemeine Praxis der Kirche.

So müssen wir denn auch in der Klosterfrage uns umsehen, was die Kirche über diesen Punkt lehre. Hier müssen die Staatsmänner nachfragen, welche dem Glauben der Kirche nicht nahe treten wollen; hier müssen die Katholiken als an ihrem Centrum sich versammeln und nur in dieser Einigkeit besitzen sie die Kraft, ihren Glauben siegreich gegen alle Angriffe zu vertheidigen. Noch haben leider nicht alle Katholiken Oesterreichs dieß begriffen, noch wollen Viele nach protestantischer Art sich selbst ihren Glauben zusammenstellen, auf eigene Faust mit dem Staate über ihre Religion unterhandeln. Darum sind wir Katholiken so schwach! Unsere Gegner sind nicht so stark durch ihre Zahl, als vielmehr nur durch ihre Einigkeit. Wir sind nicht so schwach an Zahl, aber so schwach, weil uns die Einigkeit fehlt. Und das Centrum, um das wir uns schaaren müssen, ist das uns von Gott gegebene, ist die Kirche, ist vor Allem der Fels, auf den die Kirche gebaut ist.

Was lehrt nun die Kirche über die Klöster?

Die Kirche lehrt, entsprechend den eigenen Worten des Herrn (Matth. 19, 11. 12.) und der Lehre der Apostel (1. Korinth. 7, 25. ff. 38. 40.), daß es vollkommener sei, im ehelosen als im ehelichen Stande zu leben (wenn es nämlich aus einem religiösen und nicht aus einem bloß irdischen Beweggrunde geschieht). So am Concil von Trient, 24. Sitzung, 10. Canon. Die Kirche lehrt ferner und kann nach den ausdrücklichen Worten des Herrn (Matth. 19, 21.) nicht anders lehren, als daß es vollkommener sei, alles

---

*) Am Allerwenigsten haben hierin Solche etwas zu entscheiden, die gar nicht der katholischen Kirche angehören. Und wenn auch ein jüdischer Doctor noch so keck behauptet, der Stifter der katholischen Religion habe keine Klöster gewollt, so ist das nur eine Anmaßung, aber keine maßgebende Entscheidung. Als es sich vor einigen Jahren um die Giltigkeit des Talmud für die Juden handelte, hat man auch nicht die Katholiken darüber befragt, sondern die jüdischen Rabbiner. Und diese haben erst noch in ihrer Confession nicht einmal das entscheidende Wort zu sprechen, wie die Concilien und Päpste in der katholischen Kirche.

eigene Besitzthum aufzugeben und freiwillig arm zu werden und zu bleiben, als seine Güter und Reichthümer zu behalten und von ihnen beliebigen Gebrauch zu machen. Die Kirche lehrt endlich nach den Worten des Herrn („wer mein Schüler sein will, der verleugne sich selbst, ... und folge mir nach") daß die Selbstverleugnung die Grundlage des christlichen Lebens ausmache, daß, je mehr Jemand sein eigenes Ich, seine Neigungen, seinen freien Willen zum Opfer bringt und auch in der Wahl des Guten*) sich nach dem Gehorsame richtet, er desto vollkommener, vor Gott wohlgefälliger sei und einen desto höheren Lohn zu erwarten habe. So hat dasselbe Concil von Trient in seiner 25. Sitzung (cap. 1. de Regularibus) den Ordensleuten befohlen, ihre Gelübde der Keuschheit, der Armuth und des Gehorsams treu zu halten und erklärt, daß die Klöster der Kirche zu einer besonderen Zierde gereichen. So lehrt die Kirche und so muß sie lehren nach den Worten des Herrn. Eben so kann sie nicht anders nach dem Beispiele des Herrn. Denn in diesem finden wir wieder das ehelose Leben und die vollkommenste Keuschheit, ferner die freiwillige Armuth, da Er, durch den Himmel und Erde geschaffen worden waren, nicht einmal hatte, wo Er Sein Haupt hätte hinlegen können; die vollständigste Hingabe im Gehorsam, da „Er immer nur that, was Sein Vater wollte" (Joh. 8, 29.), da „Er gehorsam wurde bis in den Tod, ja bis in den Tod am Kreuze." Und somit muß sie lehren, daß man durch die freiwillige Armuth, Enthaltsamkeit und Gehorsam vollkommener, weil Christo, dem Allervollkommensten, ähnlicher werde.

Wie viele Gesetze hat ferner die Kirche auf ihren Concilien zum Schutze des Ordensstandes gegeben und ihn dadurch gewiß für die Lehre der Kirche entsprechend und für besonders wichtig in der Kirche erklärt; so hat das letzte allgemeine Concil von Trient (Sitzung 25., cap. 18. de Regul.) Jene dem Banne unterworfen, welche eine Person ohne gerechte Ursache hindern, in ein Kloster einzutreten.

Die Regeln der verschiedenen Orden sind alle von dem Oberhaupte der Kirche, von den Päpsten geprüft, oft lange untersucht,

---

*) Einen Gehorsam im Schlechten kennt die Kirche absolut nicht.

und bestätigt worden. Speciell bezüglich der Regel der Gesellschaft Jesu hat sogar das Concil von Trient erklärt, daß es in derselben nichts zu ändern oder zu verbieten finde.

Die Kirchenväter stimmen alle im Lobe des klösterlichen Lebens überein. Im Abendlande hat ein heiliger Augustinus selbst unter seinem Clerus die gemeinschaftliche Lebensweise eingeführt und eine Regel geschrieben, die heute noch von vielen Orden befolgt wird; hat ein heiliger Ambrosius in seiner lieblichen Schreibweise das Lob der Jungfräulichkeit verkündet und besonders in seinem 82. Briefe das Klosterleben empfohlen und die Bekenner desselben eine Miliz von Engeln genannt; hat ein heiliger Hieronimus mit großen Lobsprüchen eine Marcella erhoben, weil sie unter den Frauen, den Senator Pammachius, weil er unter den Männern zu Rom das Ordensleben, das damals durch Pachomius in der Wüste gegründet wurde, eingeführt hatte; hat ein heiliger Gregor der Große sechs Klöster gegründet und war selbst einer der ersten und größten Benediktinermönche. Im Morgenland hat ein heiliger Basilius eine Regel für Ordensleute verfaßt, die noch heutzutage fast allgemein dort befolgt wird und die Ursache ist, daß man die Ordensleute dort allgemein Basilianer nennt; hat ein heiliger Johannes Chrysostomus ein eigenes Werk über das Lob des Mönchsstandes geschrieben. Der heilige Kirchenlehrer Athanasius hat das Mönchsleben aus Afrika in das Abendland verpflanzt.

Was thut also jener Katholik, der in ein Kloster eintreten will? Er will einfach nach dieser Lehre der Kirche leben, weil er einen innern Ruf dazu in sich fühlt, und weil er in der Welt dieses nicht thun kann; er will ehelos bleiben, weil dieser Stand nach der Lehre der Kirche vollkommener ist und einen höheren Lohn in Aussicht stellt, als der eheliche Stand; er will sich alles Eigenthums entäußern, weil die Kirche ihm die Worte des Herrn verkündet, wenn du vollkommen sein willst, so verkaufe was du hast, gib es den Armen u. s. w.; er will auch im Guten, was er thut, nicht seinem eigenen Sinne folgen, sondern sich ganz selbst verleugnen, das hinopfern, was der Mensch am letzten und schwersten hinopfert, seinen eigenen Willen, er will seine Freiheit opfern, so weit ein Christ und Mensch sie überhaupt opfern darf, weil ihn die Kirche gelehrt hat, daß es so vollkommener sei, daß seine guten Werke, die er im Gehorsam verrichtet, vor Gott noch größeren Werth haben, als jene, die er nach eigenem Sinne thut; er will dem erhabensten Vorbilde, das es für Menschen geben kann, dem Vorbilde des Gottmenschen, wie es ihm die Kirche darstellt, ähnlich werden, so weit es dem schwachen Menschen möglich ist.*) Von solch' erhabenen, reinen Gedanken und Absichten erfüllt, die nur der ganz berechtigte Ausfluß der Glaubenslehren seiner Religion sind, sehnt sich nun der dazu berufene katholische Christ nach dem Augenblicke, wo sich ihm die Pforte des Klosters erschließt. Aber siehe da — der Staat, der moderne Staat, der Religions- und Gewissensfreiheit und auch noch Vereinsfreiheit auf seine Fahne geschrieben hat, von dem man es also am wenigsten erwarten sollte, der tritt ihm hindernd entgegen! Der Katholik will Lehren befolgen, die ein wesentlicher Bestandtheil seines Glaubens sind — dieser Staat sagt ihm: du darfst nicht, ich dulde kein Kloster. Der Katholik will vollkommener werden, wie es ja jedem Menschen in jedem Stande und in jeder Beziehung gestattet sein muß, nach immer höherer Vollkommenheit zu streben, — dieser Staat sagt: du darfst

---

*) Es könnte da ein Gegner der Klöster Einsprache erheben und sagen: das ist alles nur Scheinheiligkeit, man weiß ja, die Absichten, aus welchen man in's Kloster geht, sind ganz andere, sind viel irdischerer Natur. Solche Gegner beweisen damit nur, daß sie entweder gar keine Klöster kennen, oder nur einzelne Ordenspersonen, die leider freilich nicht zeigen, daß sie in's Kloster gegangen sind, um da nach Vollkommenheit zu streben. Von Einigen kann man noch keinen Schluß auf Alle machen. Wer das Glück hatte, gute Klöster genau kennen zu lernen, der weiß auch, welch' strenge Anforderungen an die Novizen gestellt werden, ehe sie zur Ablegung der Gelübde zugelassen werden. Ein Anderer könnte vielleicht sagen: das sind Thorheiten, Ueberspanntheiten, um die sich der Staat nicht zu kümmern braucht; der müßte consequent die ganze katholische Religion eine Thorheit nennen, denn wir haben gezeigt, daß die Hochschätzung des Klosterlebens unmittelbar aus den Lehren des katholischen Glaubens fließe, auf das Innigste damit verwachsen sei. So lange es dem Staate aber nicht gelingt, die Katholiken von der Thorheit ihres Glaubens zu überzeugen, muß er auf diesen Glauben auch Rücksicht nehmen. Verlangen doch auch die Ungläubigen Achtung ihrer Ueberzeugung und ist doch unsere ganze neue Aera eine sehr weitgehende Berücksichtigung der Ueberzeugung (?) aller Ungläubigen.

nicht. Der Katholik will sich einen Schatz für den Himmel hinterlegen, will in seinem lebendigen Glauben das thun, was ihm in der Ewigkeit mit einem höheren Lohne vergolten wird — dieser Staat sagt: du darfst nicht. Der Katholik fühlt, er könne nur in der Stille des Klosters den Frieden für sein durch mannigfaltige Erfahrungen oder Verirrungen bedrängtes Herz finden — dieser Staat sagt: du darfst es nicht. Der Katholik fühlt, er habe nicht die Kraft in sich, den Lockungen und Gefahren der Welt zu widerstehen, sein Geist ist zwar willig, sein Fleisch aber schwach; er werde ein verdorbener, er werde ein schlechter Mensch werden, er werde moralisch zu Grunde gehen, wenn er nicht im Kloster vor diesen Gefahren und Lockungen Schutz findet und mit den ihm dargebotenen geistigen Mitteln sich stärken kann — dieser Staat stößt ihn zurück und sagt: du darfst es nicht. Ein Katholik möchte seine ganze Kraft und Lebenszeit einem edlen, heiligen Zwecke, sei es der Arbeit für die sittliche Vervollkommnung der Menschheit oder der Pflege seiner leidenden Mitbrüder oder der Erziehung verlassener Waisen, oder nützlicher Wissenschaft widmen, er weiß, nur im Kloster wird ihm dieses möglich, wo er aller irdischen Sorgen ledig ist und wo die Flamme heiliger Begeisterung für seinen Beruf immer auf's Neue genährt wird, die in den Mühsalen seines Berufes sonst so leicht erlischt; und darum möchte er in einen geistlichen Orden treten; da stößt wieder dieser Staat ihn zurück und sagt: du darfst das nicht, denn ich dulde kein Kloster. Ist das nicht ein gewaltiger Widerspruch? Ist das Religionsfreiheit? Gewissensfreiheit? Vereinsfreiheit? Ist das nicht ein Zwang, eine Gewalt, die gerade den edelsten, den erhabensten und für die Menschheit segensreichsten Trieben des menschlichen Herzens angethan wird? Wird der Katholik da nicht gehindert, nach seinem Glauben zu leben, und gerade in Dingen, die er am wenigsten leichten Kaufes dahingeben kann, von denen die Ruhe und das Glück seines Erdenlebens abhängt und denen er die größte Wichtigkeit für die Ewigkeit beilegt?

Nehmen wir ferner an, um das Wohl ihrer Kinder besorgte Eltern oder Gemeinden fänden nur in einer geistlichen Congregation die sichere Bürgschaft, daß ihre Kinder nebst den nöthigen Kenntnissen auch die unerläßliche religiöse Bildung des Herzens empfangen, sie würden ihre Kinder weit lieber den erziehenden Händen eines bewährten geistlichen Ordens, als irgend sonst Jemanden anvertrauen; ja sie erkennen es für eine heilige Pflicht des Gewissens dort ihre Kinder in die Schule zu schicken oder erziehen zu lassen, wo sie allein Gewißheit haben, daß dieß im Geiste ihres Glaubens geschehe. Wenn nun dieser Staat auch diesen Eltern, auch diesen Gemeinden entgegentritt, dieser Staat, der doch nur die Rechte und Interessen der Eltern, der Gemeinden vertreten und schützen soll und sagt: Nein, ihr dürft eure Kinder keinen Ordensleuten mehr anvertrauen, ich dulde keine Klöster mehr; was wäre das für eine neue Art von Freiheit, von Rechtsstaat, von Interessenvertretung, von Schutz des Glaubens, der religiösen Ueberzeugung? Hieße das die Religion schützen?

Die höchste Autorität in der Kirche, ein allgemeines Concil, das Concil von Trient spricht es feierlich aus (25. Sitzung): „es ist dieser heiligen Synode nicht unbekannt, welch' großer **Glanz und Nutzen** in der Kirche Gottes aus gottselig eingerichteten und recht geleiteten Klöstern hervorgehe." Ja, überaus groß ist der Nutzen, den der **katholischen** Kirche für ihre heiligen Zwecke, für die Führung der Menschheit zu ihrem höchsten Ziele, zu ihrer ewigen Seligkeit, die Klöster bringen. In den Klöstern gelangen alle Tugenden am leichtesten zur Blüte und Vollendung, aus den Klöstern strahlt also beständig das Vorbild aller Tugenden, insbesonders der Entsagung und der Hingabe für Andere den Gläubigen entgegen und erhebt und eifert diese an; in den Klöstern erhält und pflanzt sich am Besten fort der Eifer für die Aufgaben der heiligen Kirche, für das Heil der Seelen, denn im Kloster hat man am Besten Zeit und Mittel, diesen Eifer in sich selbst zu nähren; im Kloster kann die katholische und kirchliche Wissenschaft am Besten gepflegt werden und zur Blüte gelangen. Und so ist der Nutzen unberechenbar, der der katholischen Kirche aus den Klöstern erwächst, sie sind ihre mächtigsten Stützen und Werkzeuge, wenn es sich um Erhaltung und Verbreitung des Christenthums, um das ewige Heil der Menschen handelt. Das beweist die Geschichte, (siehe 3. Frage: Gewinnt der Staat durch Aufhebung der Klöster?) Ist das nun Religionsfreiheit, ist das nun Schutz der anerkannten Confessionen, indem man der Kirche, der katholischen Religion ihre mächtigsten Stützen hinwegnimmt, von ihr verlangt, daß sie in Zukunft **ohne** diese Stützen sein und bleiben soll? wenn man sie um all' den unberechenbaren Nutzen bringt, der für sie aus den Klöstern hervorgeht? Man mag vorgeben, was man will, mag immerhin sagen: die Klöster sind kein Dogma, die katholische Kirche kann auch ohne Klöster fortbestehen — so ist es doch unleugbar, daß die Aufhebung der Klöster, wenn auch noch keine Vernichtung, so doch eine ungeheure Schädigung der katholischen Religion wäre, zu der der Staat, welcher Religionsfreiheit auf sein Banner geschrieben hat, unmöglich ein Recht haben kann. Es ist nicht abzuleugnen, was Papst Pius VI. ausgesprochen und Papst Pius IX. in seiner Encyclica vom 8. Dezember 1864 wiederholt hat: „die Abschaffung des Regularklerus verletzt den Stand der öffentlichen Ausübung der evangelischen Räthe, verletzt jene Lebensweise, die von der Kirche empfohlen wird, als übereinstimmend mit der apostolischen Lehre, verletzt die ausgezeichneten Gründer selbst, die wir auf den Altären verehren und die jene Gesellschaften nur unter Eingebung Gottes gestiftet haben."

Doch wir sind noch nicht zu Ende. Dieses Alles hat nur die Zukunft im Auge. Bedenken wir nun, daß die Aufhebung der Klöster nicht bloß das Verbot bedeutet, in Zukunft Klöster zu errichten, sondern auch die Aufhebung der bereits bestehenden Klöster, die Vertreibung der gegenwärtig lebenden Klosterleute aus ihren Klöstern, aus ihrem Besitzthume. Sie haben sich feierlich vor Gott verpflichtet, ihren Obern ihr Leben lang Gehorsam zu leisten, nach keinem irdischen Besitz mehr zu trachten. Der moderne Staat **läßt sie diese Verpflichtung nicht halten, läßt sie nicht thun, wozu sie sich im Gewissen auf das Heiligste verpflichtet fühlen.** Sie sind um ihres Glaubens, um ihres ewigen Heiles willen in's Kloster gegangen, dieser Staat treibt sie, ohne Rücksicht auf das, was ihr Glaube über die Ewigkeit lehrt, in die Welt hinaus. Sie wollten vollkommene Menschen werden, dieser Staat nimmt ihnen das Mittel dazu. Sie wollten ohne sonstige Sorgen sich ganz einem edlen nützlichen Zwecke widmen, dieser Staat duldet das nicht, er zerstört die Anstalt, welche ihnen hiezu die Gelegenheit bot. Die Eltern, die Gemeinden, die ihre Kinder bereits klösterlichen Anstalten übergeben hatten, auf das Vollkommenste zufrieden waren, sich glücklich schätzten, so ruhig in ihrem Gewissen über den Unterricht und die Erziehung ihrer Kinder sein zu können, werden dieser Anstalten beraubt.*) Was edle Menschen oft mit großen eigenen Opfern, was selbst Landesfürsten aus Gründen des Glaubens, zum Wohle des Landes gegründet, wird aufgehoben. Was bereits besteht und Jahrhunderte hindurch segensreich in der Kirche gewirkt, ihr großen Nutzen verschafft hat, wird ihr jetzt auf einmal genommen. Nun, ist das Schutz der Gläubigen in ihrem Glauben, ja ist das auch nur Freiheit des Glaubens?

Wäre die Aufhebung der Klöster nicht ein klarer Beweis, daß Jene, welche sie verlangen und dekretiren, auch den Glauben der Katholiken nicht mehr achten, sondern daß sie, wo er ihnen nicht zusagt, die Katholiken selbst mit Gewalt hindern wollen, nach demselben zu leben? Aber vielleicht sagen sie uns, daß wir Zurückgebliebene seien, die sich in den Geist der neuen Zeit, in die Forderungen des modernen Staates nicht finden können.

Nun, so wollen wir denn hören, was Männer über diesen Punkt sagten, welche ganz auf dem Standpunkte der freien Kirche im freien Staate standen, und denen man gewiß Geist und Verständniß, sowie Freiheits- und Vaterlandsliebe nicht wird absprechen können. Wir wollen ferner noch hören, was unparteiische Personen, was selbst Protestanten über den Nutzen der Klöster für den Staat, auch für den modernen Staat und für die Menschheit

---

*) Setzen wir den Fall, es geschehe umgekehrt: Es würden alle weltlichen Schulen und Erziehungsanstalten aufgehoben und es dürften nur geistliche bestehen; alle katholischen Staatsbürger wären also gezwungen, ihre Kinder in solche Anstalten zu schicken. Würden da die Gegner der Klöster nicht über unerhörten Gewissensdruck schreien? Was aber dem Einen recht, ist dem Andern billig. Die Klosterschulen sind derzeit wohl die einzigen katholisch-confessionellen Schulen in Oesterreich, insofern nur in ihnen die katholische Religion die Grundlage des gesammten Unterrichtes sein muß. Auf der einen Seite also im Schulgesetze den Katholiken ihre bisherigen confessionellen Pfarrschulen nehmen und für confessionslos erklären, dann sagen: Ihr habt das Recht, euch selbst confessionelle Schulen zu gründen, dann durch Aufhebung der Klöster die einzigen bestehenden confessionellen Privatschulen auch noch nehmen, das wäre doch ein Hohn auf alle Freiheit und Gerechtigkeit.

überhaupt aussprachen, um zu erkennen, ob denn der moderne Staat, selbst wenn er das Recht hätte, die Klöster aufzuheben, seinen Nutzen dabei finden würde und also auch nur mit seinem Nutzen diese Aufhebung begründen könnte.

Wer immer dann zur Erkenntniß gekommen sein wird, daß der Staat weder das Recht zur Aufhebung der Klöster habe, noch seinen wahren Nutzen dabei finde, daß diese Aufhebung vielmehr eine gewaltige Verletzung der Religions- und Gewissensfreiheit und ein Schaden für die Gesellschaft sei, der möge sich dann ernstlich die Frage stellen, ob es nicht auch seine Pflicht ist, mit allen erlaubten Mitteln, die ihm zu Gebote stehen, zu verhindern, daß nicht blinder Haß gegen religiöse Anstalten oder der rohe materielle Vortheil Einzelner im Staate zu herrschen beginne und alle Ordnung und Gerechtigkeit bedrohe. Besonders aber möge der Katholik sich die Frage stellen, ob es ihm in seinem Gewissen erlaubt sein könne, nichts dagegen zu thun, wenn seine Religion, seine Kirche, seine Glaubensgenossen so beschädigt, so ungerecht behandelt werden, wenn er etwas dagegen thun kann.

Erste Frage:

Hat der Staat das Recht, die Klöster aufzuheben?

Die klösterlichen Genossenschaften stehen im innigsten Zusammenhange mit der katholischen Religion; man könnte sie nicht in die Acht erklären und unterdrücken, ohne zugleich die Religion in die Acht zu erklären und zu unterdrücken, von der sie ein Ausfluß sind.

In den Ländern, in welchen man die Religionsfreiheit, die Gewissensfreiheit, die Grundsätze einer weitgehenden Duldung in den Angelegenheiten der verschiedenen Confessionen zuläßt und proclamirt, muß man auch als eine nothwendige Folgerung die Freiheit der klösterlichen Genossenschaften zulassen, die nur der Ausdruck und das Corollar der Religionsfreiheit selbst ist.

„Wenn es Genossenschaften gibt, die in ganz besonderer Weise unverletzlich sind," so schrieb der „Globe" 1828, „so sind es die klösterlichen Genossenschaften. Für Ein Prinzip, das sie schützt, haben sie deren zwei: das Eine, die Vereinsfreiheit und das Andere, die Religionsfreiheit. Vergebens wirft man ein, daß eine klösterliche Genossenschaft keine Religion sei, sie ist eine Art und Weise, eine solche auszuüben, und wir fragen, was eine Religion sei ohne diese Ausübung, was eine Freiheit sei, ohne ihre freie Entwicklung? An welcher Grenze wird die Einschränkung beginnen? Wird nicht die Ausnahme nur die Katholiken treffen? Wenn es einer Colonie von Juden belieben würde, am Montrouge sich niederzulassen, daselbst den Großrabbiner als ihr Oberhaupt zu betrachten, würde sich da der Staat widersetzen? . . . .

Einige Atheisten, leidenschaftliche Ueberbleibsel der Schule Holbachs und Diderots, legen ihre Einkünfte zusammen, kaufen ein Haus und bringen ihren Tag hin mit Untersuchungen über die Eigenschaften des Stoffes und die Vortheile des Nichts. Ihre Moral ist die des

Helvetius: der Mensch hat kein anderes Gesetz als seinen Vortheil, kein anderes Ziel als den Genuß. Die Tugend ist nur eine Uebereinkunft, die Ehre ein Vorurtheil. Im Grunde gibt es nichts Gutes, nichts Böses, keine guten Handlungen, keine Verbrechen. Wenn sie ihren Grundsätzen treu sind, werden solche Leute der Gesellschaft wenig nützen. Dessenungeachtet läßt sie die Gesellschaft in Ruhe. Nach und nach verändern sich die Grundsätze unserer Philosophen. Sie werden zuerst Pantheisten, dann Theisten, dann Reformirte, endlich Katholiken. In allen diesen Veränderungen schützt sie das Gesetz in gleicher Weise. In Folge einer letzten Anstrengung wird ihr Kotholicismus ein mystischer. Sie bedecken ihr Haupt mit einer Capuze, umgeben ihre Lenden mit einem Gürtel; sie werden Trappisten oder Karthäuser. Von diesem Tage an beginnt man ihnen zu sagen: So lange ihr Atheisten, Theisten, Protestanten waret, haben wir eure Verbindlichkeiten, eure Meinungen, eure Uebungen geachtet; heute, das ist etwas ganz Anderes. Ihr bekleidet euch mit einem groben Stoffe, ihr fastet, ihr sprecht nicht; das sind Unordnungen, welche wir nicht dulden können. Trennt euch von einander oder fürchtet die Gesetze des Reiches! Um ähnliche Gesetze zu vervollständigen, würden wir einen Zusatz-Artikel verlangen: Absolutes Verbot, im Cölibat zu leben."

Anderswo sagt dasselbe Journal:

„Wenn wir dieses Gespenst aus dem Schooße der Gesellschaft heraufbeschwören sehen, das seine langen Arme ausbreitet über alle Punkte des Landes und überall Gesetze und Verordnungen diktirt, so glauben wir eine Erzählung von Perrault zu lesen. Wir für unsern Theil erklären, daß uns die Jesuiten im Talare lieber sind, als die im kurzen Rocke."

Cochin, einst Maire von Paris, jetzt Mitglied der französischen Akademie, sagt über denselben Gegenstand:

„Ich möchte gerne wissen, warum man weniger frei sein sollte, sich Gott zu weihen im Dienste der Armen, als einem Manne im Bündniß der Ehe? Die Gelübde, ihre Ablegung, ihr Bruch, das sind Dinge, die ins Heiligthum und ins Bereich des Gewissens gehören; das Gesetz kann ihnen seine Anerkennung versagen, aber es kann sie nicht aufheben, so wenig als es dieselben auferlegen kann."

„Wenn die Jesuiten*) nichts verlangen, als nach der Regel des heiligen Ignatius zu leben," so schrieb das „Journal de Com-

---

*) Was die schlechte Presse für eine ungeheure Macht auszuüben vermag, sieht man am Jesuiten-Orden. Dieser, einer der vortrefflichsten und am wenigsten „verfallenen" Orden der katholischen Kirche, steht in den Augen so

merce" (23. März 1828), „wenn sie sonst nichts ansprechen, als die Dogmen des Glaubens zu predigen, sowie sie dieselben selbst vernehmen, wenn sie mit ihrem General und mit dem Papste nur im Interesse ihrer Glaubenslehren zu verkehren wünschen und sich im Uebrigen dem allgemeinen Gesetze fügen, so sehen wir nicht, was man ihnen entgegenhalten könnte. Den Jesuiten das Recht verweigern, sich zu vereinigen, neue Mitglieder aufzunehmen, ihre politischen und religiösen Doktrinen frei heraus zu lehren, das hieße, sich an einem allen Franzosen gemeinsamen Rechte vergreifen."

Die französische Regierung hat dennoch, aus Nachgiebigkeit gegen das Aufstürmen einer verblendeten öffentlichen Meinung, die Jesuiten 1828 unterdrückt, und diese Unterdrückung umfaßte alle männlichen Congregationen, die sich mit dem Unterrichte beschäftigten. Aber von allen Seiten erhoben sich energische Proteste und die stumpf gewordene Waffe verrostet in der Hand der Macht, welcher sie anvertraut wurde. So bekennt sich M. Saint-Marc Girardin, Mitglied des Universitätsrathes, im Jahre 1836, bezüglich der Congregationen zu einer die Ordonnanz von 1828 verwerfenden Meinung:

„Wir hören," sagte er, „von Congregationen sprechen, die vom Staate abgeschafft worden sind, und die, wenn wir uns nicht in Acht nehmen, daran sind, die Schulen an sich zu reißen. Wir kümmern uns nicht um Congregationen; wir befassen uns mit Individuen. Nicht Congregationen sind es, die wir zum Baccalaureat zulassen, denen wir das Zeugniß der Lehrfähigkeit geben; es sind Individuen. Wir wissen es nicht, wir können es nicht wissen, ob diese Individuen Congregationen angehören, denn woran sollten wir sie erkennen? wie uns dessen versichern? Wenn ein Franzose, wenn ein Bürger, der 21 Jahre alt ist, sich vor der Lehrbefähigungs-Commission mit seinem Diplome als Baccalaureus der Wissenschaften präsentirt, oder wenn er sich im Alter von 25 Jahren mit seinem Lehrbefähigungs- und Sittlichkeitszeugniß dem Rector der Academie vorstellt, so können Sie prüfen, ob er die gesetzlichen Bedingungen erfüllt habe, ob Alles in Ordnung

---

Vieler als ein Ausbund der Schlechtigkeit da, und nur Wenige sind es, die sich dem Einflusse der über ihn ausgegossenen Verläumdungen ganz entziehen und ihm volles Vertrauen schenken können. Wer doch auch ein Wort zu ihrer Vertheidigung hören will, aber nicht Zeit hat, größere Werke zu lesen, der lese das Büchlein: „Arsac, die Jesuiten. Ihre Lehre, ihr Unterrichtswesen, ihr Apostolat. Wien, bei Sartori."

sei, aber mehr können Sie nicht. Um den Mitgliedern religiöser Congregationen das Recht zu verweigern, das Lehramt auszuüben, bedenken Sie, welche Vorsichtsmaßregeln da angewendet werden müßten, welche Formalitäten man erfinden müßte; welcher peinigende und inquisitorische Gesetzapparat geschaffen werden müßte, und bedenken Sie dieses besonders, diesen ganzen Gesetzapparat mit allen seinen Untersuchungen und Nachforschungen zu umgehen, würde eine Lüge genügen." *)

Der Streit zwischen dem Monopol der Universität und der Unterrichtsfreiheit, welche besonders in der Zulassung der religiösen Congregationen zum Unterricht ihren Ausdruck findet, setzte sich fort während der ganzen Regierungszeit Louis Philipp's. Im Jahre 1844 auch in die Pairskammer getragen, gab er da Anlaß zu einer lebhaften Verhandlung, in welcher mehrere Mitglieder mit Freimuth die Vertheidigung der religiösen Congregationen unternahmen. Graf Montalembert unter Andern bestritt den Kammern das Recht, darüber zu berathen, was einen Theil der katholischen Kirche ausmache, was nicht.

„Die französischen Bischöfe," so sagt er, „haben in allen an Sie gerichteten Eingaben feierlich gegen die Ausschließung der religiösen Orden protestirt; Sie verhindern die freie Ausübung der katholischen Religion für Jene, welche überzeugt sind, daß ihrerseits diese Ausübung in dem Eintritte in einen geistlichen und beschaulichen Orden bestehe, die nur in diesem ihr Heil und ihre Ruhe finden können. Sie beschränken den Katholicismus in einem Theile seines Wesens. Sie verwunden ihn im Herzen." *)

Bei einer andern Gelegenheit rief Montalembert, nachdem er eine Parallele zwischen den zwei größten religiösen Rednern Frankreichs gezogen hatte, aus:

„Nein, wenn P. Lacordaire oder P. Ravignan in die Türkei gingen, um dort eine Schule zu eröffnen, man würde sie nicht schließen unter dem einzigen Vorwande, daß sie Gott durch die drei Gelübde geweiht seien, die seit 18 Jahrhunderten so viele Wunder gewirkt haben. Und wer hat den Urhebern dieser Ausschließung gesagt, daß diese

---

*) Moniteur français. Sitzung der Abgeordnetenkammer vom 14. Juni 1836.
**) Das verstehen selbst viele Katholiken nicht, sie haben keine Ahnung von der Wichtigkeit der Orden für ihre Kirche. Ihre Feinde wissen es besser; die Eingeweihteren unter ihnen wissen es gar wohl, daß sie mit jedem Schlage, den sie den Orden zufügen, die Kirche ins Herz treffen.

Männer nicht noch andere hinter sich haben, welche ihnen ähnlich sind? Beide gehören Orden an, die die Welt mit ihren Tugenden, mit ihrem Geiste, mit ihrem Martyrium erfüllt haben. Woher hat man das Recht genommen, im Namen Frankreichs zu sagen: Ich habe genug Kraft, genug Talent, genug Hingebung in dieser Art, ich brauche nicht mehr; und wenn man sagt: diese Männer haben alle diese Eigenschaften, zu antworten: Was liegt daran, ich will nicht einmal einen Versuch mit ihnen machen — aber sie sind auch Franzosen: auch daran liegt mir noch wenig, der Schooß des Vaterlandes bleibe ihnen verschlossen! — Oder wenn sie sich auf die Freiheit und Gleichheit berufen, zu antworten: die Gleichheit möge für sie eine Chimäre, die Freiheit eine Lüge sein, oder vielmehr sie sollen frei sein nach Art der entlassenen Galeerensklaven und gleich den bereits einmal verurtheilten Verbrechern. (Widerspruch). Ja, meine Herren, es ist wirklich so: die Galeerensklaven, die Abgeurtheilten der Justiz und die Mönche: das sind die drei Categorien, welche sie ausschließen. Wann werden wir endlich begreifen, daß wir, indem wir die Freiheit und das Gewissen unserer Mitbürger verletzen, Waffen gegen unsere eigene Freiheit und gegen unser eigenes Gewissen schmieden, und daß dieses schreckliche Schwert der Gewaltthat und der Verfolgung, dessen Griff wir immer in der Hand zu behalten wähnen, sich eines Tages gegen uns selbst kehren und uns mit seiner vergifteten Spitze durchbohren könne?"

Graf Beugnot verlieh in diesem merkwürdigen Augenblicke der Gerechtigkeit und der Wahrheit die Unterstützung seines hohen Geistes und seiner Unparteilichkeit.

„In allen Ihren Maßregeln," sagte er, „sehe ich einen Frevel gegen die Gewissensfreiheit, einen Frevel gegen die Redefreiheit, einen Frevel gegen die Autorität der Vernunft; mit einem Worte, gegen alle die großen Prinzipien von 1789."

Und ein Jahr später, als die Deputirtenkammer nach Ausnahmsmaßregeln gegen die Jesuiten rief, machte er mit tiefer Betrübniß seiner eigenen Partei, die aus der Revolution von 1830 als Siegerin hervorgegangen war, Vorwürfe darüber, daß sie es nicht vermöge, sich der Religionsfreiheit anzuvertrauen, „die doch unter allen am wenigsten zu fürchten sei, da nur Männer des Friedens und von gutem Willen nach ihr begehrten. „Die Jesuiten haben keine Armeen und keine Reichthümer; was für Mittel also besitzen sie, um ihre Ideen zu verbreiten und auf die Gesellschaft Einfluß zu üben? Dieselben, die auch wir zu unserer Verfügung haben: das Wort und die Presse. Ich weiß nicht, ob sie einen häufigen Gebrauch von dem einen oder der andern machen. Zugegeben, wenn man es so will, daß sie jeden Augenblick und unaufhörlich sich derselben auf eine schlechte, auf eine verwerfliche, auf eine böswillige Weise bedienen. Aber wie, verzweifeln Sie denn selbst an dem Princip unserer Gesellschaft und unserer Repräsentativ=Verfassung? Ist Ihnen unbekannt, das es nichts Edleres und nichts Wahreres gibt als dieses Princip, daß dort nämlich, wo das Wort wahrhaft frei ist, die Wahrheit immer siegen wird über den Irrthum? Wenn Sie es nicht glauben, dann stürzen Sie um diese Rednerbühne, als etwas Verabscheuungswürdiges, wenn sie nicht die Aufgabe hat, den Triumph der Wahrheit und die Niederlage der Lüge zu sichern."

Er vervollständigte seine Rede, die beredteste, die er je gehalten hat, durch eine glänzende Rechtfertigung des Verhaltens des Clerus und der religiösen Orden seit der Revolution von 1789; und nachdem er gezeigt hatte, wie nothwendig und leicht ein herzliches Einvernehmen mit einer gleichfalls vom freisinnigen und patriotischen Geiste beseelten Körperschaft sei, schloß er mit dem bekannten Worte von Beza: „Die Kirche empfängt viele Schläge erwiedert sie aber nicht: doch nehmt euch in Acht, sie ist ein Ambos, der schon viele Hämmer abgenützt hat." *)

Abbé Lacordaire gab 1839 das Beispiel, welchem im Jahre 1844 Abbé Ravignan folgte; er trat als Vertheidiger seines Ordens und zugleich aller übrigen Orden auf, welche sich auf denselben Geist und dieselben geleisteten Dienste berufen können.

„Wir leben in einer Zeit," spricht er, „wo Jemand, der arm und der Diener seiner Mitmenschen werden will, mehr Mühe hat, seinen Entschluß auszuführen, als wenn er sich ein Vermögen erwerben und einen Namen machen will. Nie hatte man in der Welt so viel Furcht vor einem Menschen, der barfüssig einhergeht und mit einem ärmlichen Wollenhabit bekleidet ist. Wenn wir, glühende Freunde dieses Jahrhundertes, ganz und gar aus demselben hervorgegangen, von ihm die Freiheit begehrten, nichts zu glauben, so wurde es uns erlaubt; wenn wir von ihm die Freiheit begehrten, nach allen Würden und Ehren zu streben, so wurde es uns gewährt. Aber heute, da wir,

---

*) Correspondant vom April 1865. Gf. Beugnot und die religiöse Freiheit, von Gf. Montalembert.

durchdrungen von dem göttlichen Elemente, welches ebenfalls dieses Jahrhundert bewegt, von ihm die Freiheit begehren, den Eingebungen unseres Glaubens zu folgen, nach nichts mehr zu streben, arm zu leben mit einigen Freunden, die mit uns die gleiche Sehnsucht fühlen, heute sehen wir uns ganz eingeengt, in den Bann von weiß Gott wie vielen Gesetzen gethan, und fast das ganze Europa würde sich vereinigen, um uns zu erdrücken, wenn es nothwendig wäre.

„Der Act, durch welchen man sich heutzutage dieser Lebensart weiht, ist der Beweis, daß das gemeinschaftliche Leben der Beruf einer gewissen Anzahl von Seelen ist. Was für ein Uebel fügen jene armen Töchter der Welt zu, die sich eine Zufluchtsstätte für ihre Jugend und für ihre alten Tage durch große Opfer der Tugend gegründet haben? Welches Uebel fügen ihr jene arbeitsamen Einsiedler zu, welche von der Freiheit ihres Landes nichts anderes begehren, als das Vorrecht, gemeinschaftlich ihren Schweiß vergießen zu dürfen? Die klösterlichen Genossenschaften bieten in Frankreich seit 40 Jahren ein so reines und vollkommenes Schauspiel, daß man ein sehr undankbares Gedächtniß haben muß, um ihnen die Fehler einer Zeit vorzuwerfen, die längst nicht mehr besteht. . . . .

„Die Eichen und die Mönche," setzt P. Lacordaire hinzu, „sind unvergänglich. Eine klösterliche Genossenschaft setzt sich aus drei Elementen zusammen: dem materiellen, dem spirituellen und dem Elemente der Thätigkeit. Das materielle Element besteht darin, daß man ein und dasselbe Haus bewohnt, zu derselben Stunde aufsteht und sich niederlegt, an demselben Tische speist und gleiche Kleidung trägt. Das spirituelle Element ist ein Gelübde, das Gewissen erklärt es für unverletzlich, aber es ist ein Act des Glaubens, mit dem das bürgerliche Gesetz nichts zu schaffen hat. Das Verbot des Gelübdes wäre das Verbot eines Actes des Glaubens. Wenn ein Vertrag mit folgenden Worten abgeschlossen wird: Wir Unterzeichnete verpflichten uns, gemeinschaftlich zu leben, so lange wir Lust haben u. s. w., so gilt er vor dem Gesetze; aber sagt nur: „Wir verpflichten uns vor Gott u. s. w., und der Vertrag wird ein ungesetzlicher, ein unerlaubter! Wir entlassen unsere Diener, wenn sie heiraten, und wir jagen die Mönche fort, weil sie nicht heiraten.

„Man spricht vom blinden Gehorsam der Ordensleute. Wenn man damit sagen will, daß die Ordensleute ihrem Oberen in Allem zu gehorchen geloben, was diesem eben einfällt, so ist dieses ein lächerlicher Irrthum; sie versprechen einem Oberen, den sie sich selbst gewählt haben, Gehorsam in Allem, was den Geboten Gottes und den Statuten des Ordens entspricht. Das dritte jener Elemente, aus denen ein geistlicher Orden besteht, das Element der Thätigkeit, fällt unter das allgemeine Recht. . . . Im Augenblicke, wo der Ordensmann über die Schwelle seines Hauses tritt, um in der Welt thätig zu sein, begegnet ihm an der Pforte das Gesetz, welches die Handlungen, die Rechte und die Pflichten Aller regelt; will er predigen, so bedarf er dazu der Einwilligung des Bischofs; will er die Jugend in den Schulen unterrichten, so muß er seine Fähigkeit dazu vor der Unterrichtsbehörde nachweisen; will er die Erde mit seinen Händen bebauen, so muß er sich an die Vorschriften für die Landwirthschaft halten.

„Nichts lebt wieder auf, das nicht nothwendig wäre und nicht in sich selbst die Bedingungen der Unsterblichkeit trüge. Und da seht uns nun, uns, die wir wiedergekehrt sind, uns Mönche, Klosterfrauen, Brüder und Schwestern aller Namen, wie breiten uns aus über das Land, aus dem wir vor 40 Jahren vertrieben wurden. Da seht uns, die wir wieder gekommen sind, weil wir nicht anders konnten, weil wir zuerst besiegt wurden von dem Leben, das in uns wohnt; wir sind unschuldig an unserer Unsterblichkeit, wie die Eichel, die am Fuße einer alten, erstorbenen Eiche emporkeimt, unschuldig ist an dem Safte, der sie himmelwärts treibt. Nicht Gold und Silber haben uns wieder erweckt, sondern eine geistige Triebkraft, die in der Welt durch die Hand des Schöpfers niedergelegt ist. Die Welt ist tief erschüttert, sie bedarf aller ihrer Hilfsquellen. Und wenn einem Egoismus gegenüber, der die Ehre und die Sicherheit der modernen Gesellschaft bedroht, sich Seelen finden, welche das Beispiel freiwilliger Entsagung geben, so laßt uns doch wenigstens ihre Werke achten. Räumen wir der Tugend das Recht ein, eine Zufluchtsstätte zu haben, wie vormals das Laster es hatte."

Es war eine neue Revolution nothwendig, damit in Frankreich diese Zufluchtsstätte gewährt wurde.

„Die Freiheit der Religion," so schrieb 1848 der Minister für Cultus und Unterricht (Carnot) an den Erzbischof von Lyon, „die Freiheit der Religion wurde von der provisorischen Regierung in einer ihrer ersten Amtshandlungen anerkannt; ebenso unbestritten ist das Vereinsrecht. Die Republik zögert nicht, was immer für Rechten die Weihe der gesetzlichen Anerkennung zu verleihen; sie garantirt alle, und die provisorische Regierung begreift eben so wenig, wie man den Bürgern ein Hinderniß in den Weg legen könnte, wenn sie sich zu gemeinschaftlichen Acten der Religion oder der Wohlthätigkeit vereinigen wollen, als sie sich ihnen widersetzt, wenn sie ihre politischen Rechte ausüben wollen. Die provisorische Regierung legt Werth darauf, daß in dieser Richtung kein Zweifel in den Geistern Platz greifen könne."

Nichts ist entschiedener und klarer ausgesprochen, als diese Grundsätze; aber noch harren sie in Frankreich ihrer Bestätigung und gesetzlichen Sanktion. Die gegenwärtige Gesetzgebung fordert, daß jede klösterliche Congregation die Autorisation zu ihrer Niederlassung nachsuche. Doch in der Wirklichkeit wird es mit diesem Gesetze nicht genau genommen. Viele Congregationen bestehen unbehelligt auch ohne Autorisation.

Anders ist es in Belgien. Die Constitution von 1831 hat das Associationsrecht feierlich ausgesprochen in ihrem Artikel 20, welcher lautet: „Die Belgier haben das Recht, Vereine zu bilden, dieses Recht kann keiner Präventiv-Maßregel unterworfen werden." Wenn alle Bürger, ohne Unterschied der Classen, der Stände, der Herkunft, das Recht haben, zu einem politischen, socialen, industriellen, commerciellen, wissenschaftlichen, künstlerischen Zwecke oder selbst zur bloßen Unterhaltung freie Vereine zu bilden, so muß es ihnen doch gewiß auch möglich sein, von diesem Rechte zu einem religiösen, sittlichen oder wohlthätigen Zwecke Gebrauch zu machen. Auf dieses große Princip stützen sich die geistlichen Genossenschaften, welche in Belgien entstehen und sich entwickeln. Man kann ihre Nützlichkeit bestreiten, aber ihr Recht ist unanfechtbar und um es zu leugnen oder einzuschränken, müßte man damit beginnen, die Constitution selbst zu unterdrücken.

Wenn man gegen die Menge der Klöster protestirt, wenn man das Verlangen oder die Absicht zeigt, ihnen Schranken zu setzen, so mißachtet man die Grundlage, auf der sie beruhen, so erschüttert man das Ansehen der Verfassung. *)

---

*) Gewiß eine sehr bedauerliche Erscheinung unserer Zeit ist der Mangel an Rechtssinn, der sich in dem Sturme gegen die Klöster offenbarte. „Wozu brauchen wir Klöster?" oder: „die Klöster sind nicht mehr zeitgemäß," — das sind oft die einzigen Gründe, die man für Aufhebung der Klöster vorbrachte, ohne zu bedenken, ob denn der Staat auch das Recht habe, kurzweg Alles aufzuheben, was man nicht „braucht" oder was Einigen nicht mehr „zeitgemäß" erscheint. Der Staat thut gewiß nicht gut daran, daß er den Rechtssinn unter dem Volke so erschüttern läßt, denn der Rechtssinn ist gewiß die Hauptstütze des Staates und der gesellschaftlichen Ordnung. — Uebrigens werden wir später noch sehen, daß sehr gescheidte Leute und selbst Protestanten die Klöster noch für „zeitgemäß" halten.

Zweite Frage:

Hat der Staat das Recht, die Güter der Klöster einzuziehen?

Würden die Klöster vom Staate aufgehoben, so würde ihr Vermögen nach der Auffassung des modernen Staates als herrenloses Gut jedenfalls ihm zufallen. Allerdings wird er den aus ihrem Besitzthum vertriebenen Ordenspersonen aus ihrem ehemaligen Vermögen eine Pension zuweisen, vielleicht auch einen sogenannten Religionsfond gründen, und so das ehemalige Klostervermögen noch immer zu religiösen und wohlthätigen Zwecken verwenden. Das ändert aber nichts an der Wahrheit, daß der Staat sich das rechtmäßige Besitzthum eines Theiles seiner Bürger angeeignet hat, daß er es als sein volles Eigenthum betrachtet, über das er nach seinem Dafürhalten frei verfügen kann. Es könnte auch geschehen, daß der Staat die Klöster bestehen lasse, aber doch ihre Güter einziehe, verkaufe, und den Klöstern aus seinen jährlichen Einkünften zu ihrem Unterhalte eine bestimmte Summe auswerfe, aber gewiß so, daß ihm immer noch ein großer Nutzen bliebe, denn sonst hätte die Einziehung keinen greifbaren Zweck. Männer der Freiheit und jeder Confession mögen hier wieder auftreten und aussagen, ob der moderne Staat das Recht habe, in der einen oder andern Form die Güter der Klöster einzuziehen. Hat er dieses Recht nicht, dann hat er auch aus diesem Grunde nicht das Recht, die Klöster aufzuheben und dieser Abschnitt bietet somit noch eine weitere Antwort auf die erste Frage: Hat der Staat das Recht, die Klöster aufzuheben?

Das Eigenthum der Körperschaften beruht auf derselben rechtlichen Grundlage, wie das Eigenthum der Individuen; es hat denselben Charakter der Nützlichkeit und die Rechtmäßigkeit des einen leugnen, hieße die des andern wenigstens erschüttern.

Die Klöster, so sagt man, haben sich einen großen Reichthum erworben; wäre das ein genügender Grund, ihnen denselben wegzunehmen? Spricht man sich darüber bejahend aus, so betrachte man hier die Folgen. Es gibt noch anderen Reichthum in der Gesellschaft, den sich gewisse Individuen oder Classen angehäuft haben, dessen Ursprung lange nicht so ehrwürdig ist als der des Klostervermögens, das überdieß noch übertrieben groß angegeben wird; warum sollte man dann nicht diesen Reichthum in gleicher Weise behandeln? Wenn man die Klöster und Orden beraubt hat, so geschah es, weil man stärker war als sie und weil man es sehr vortheilhaft fand, ihr Vermögen sich anzueignen. Die gewöhnlichen Diebe haben keinen andern Rechtsgrund; die Berauber der Klöster haben sich desselben Vorgehens bedient, ohne sich besser rechtfertigen zu können; die Formen sind verschieden, der Grundsatz und die Wirkungen sind dieselben. — Wir kennen die Behauptung, daß der Reichthum der Klöster nur die Frucht einer maßlosen Habsucht, der Hinterlist und Schlauheit sei. Die Geschichte und die unverwerflichsten Zeugnisse widerlegen diese Verläumdungen. Jeder unparteiische Mensch, der sie zu Rathe zieht, muß anerkennen, daß, wenn sich auch wie in allem Menschlichen, Mißbräuche eingeschlichen haben, doch die Besitzungen der Klöster im Allgemeinen aus vollkommen rechtmäßigen Quellen entsprungen sind.

Bekannt ist, daß die Klöster religiösen Stiftungen ihren Ursprung verdanken. Hören wir über den Erwerb ihrer Güter noch Weiteres.

„Außer den vielen religiösen Beweggründen, wodurch die Güter in die Hände der Mönche gebracht wurden, gab es noch einen andern von großem Gewichte, der allezeit als einer der giltigsten Rechtstitel eines Besitzes betrachtet wurde. Die Mönche hatten unbebaute Ländereien urbar gemacht, Sümpfe ausgetrocknet, Straßen gebaut, Flüsse eingedämmt, Brücken errichtet, dieß heißt, sie hatten in einer Gesellschaft und in Ländern, über die eine neue Art Sündflut hinweg gegangen war, gewissermaßen dasselbe gethan, was die ersten Ansiedler gethan hatten, als sie der entstellten Erdfläche ihr ursprüngliches Aussehen wiederzugeben suchten. Ein beträchtlicher Theil Europas war niemals von Menschenhänden bebaut worden; Wälder, Bäche, Seen, Gesträuche aller Art befanden sich noch ganz in dem Zustande, wie sie von der Natur hervorgebracht worden; und die da und dort errichteten Klöster können als der Mittelpunkt der Thätigkeit betrachtet werden, welche die civilisirten Nationen in den neuen Ländern anlegten, die sie durch große Colonien umgestalten wollten. Gab es je giltigere Ansprüche

---

*) Jacob Balmes, Protestantismus und Katholicismus in seinen Beziehungen zur europäischen Civilisation. Regensburg 1862. II. 42.

auf den Besitz großer Güter? Ist der, welcher ein unbebautes Land urbar macht, es anpflanzt und bevölkert, nicht berechtigt, sich in demselben große Besitzungen vorzubehalten? Ist dieses nicht der natürliche Gang der Dinge? Wem wäre es unbekannt, daß unter Leitung der Abteien Dörfer und Städte entstanden und sich vergrößerten?

Außer ihrem materiellen Nutzen brachten die Besitzungen der Mönche noch eine andere Wohlthat mit sich, die vielleicht noch nicht die gebührende Aufmerksamkeit gefunden hat. Die Lage eines großen Theiles der europäischen Völker, in der Zeit, von der wir reden, glich jenem Treiben und Schwanken, wie man es bei Nationen findet, die auf der Bahn der Civilisation und Cultur noch keinen Schritt gethan haben. Aus diesem Grunde war die Idee des Eigenthums, eine der wesentlichsten Bedingungen jedes gesellschaftlichen Körpers, noch sehr wenig eingewurzelt. In jenen Zeiten waren Angriffe gegen das Eigenthum, wie gegen die Person, etwas sehr häufiges, und wie der Mann sich oft genöthigt sah, seine Habe zu vertheidigen, eben so leicht ließ er sich auch hinreißen, über das Eigenthum Anderer herzufallen. Der erste Schritt, um einem so bedenklichen Uebel zu begegnen, bestand darin, daß man die Völker zum Ackerbau anhielt, und somit an einen festen Wohnsitz fesselte und sie allmählich zur Achtung des Eigenthums gewöhnte, nicht nur durch moralische Beweggründe und Nützlichkeitsrücksichten, sondern auch durch fortwährenden Anblick großer Besitzungen, welche das Eigenthum von Anstalten waren, die als unverletzlich betrachtet wurden und welche man nicht angreifen konnte, ohne ein Sacrilegium zu begehen. So verbanden sich die religiösen Ideen mit den socialen und bereiteten langsam eine Gestaltung der Dinge vor, die in friedlicheren Tagen zu Ende geführt werden sollte.

Dazu kam ein neues Bedürfniß, eine Folge der Veränderungen, die in jener Zeit vor sich gingen. Bei den Alten findet man das Leben beinahe ganz auf die Städte beschränkt, das Leben auf dem Lande, diese Verstreuung einer ungeheuren Bevölkerung, die in den neueren Zeiten ein neues Volk auf dem Lande gebildet hat, war ihnen unbekannt; und es ist wohl zu bemerken, daß diese Veränderung in der Lebensweise gerade zu einer Zeit stattfand, als viele unheilvolle und hindernde Umstände die meisten Schwierigkeiten dagegen zu erheben schienen. Dem Bestehen der Klöster ist es zuzuschreiben, daß sich auf dem Lande und an den abgelegenen Orten eine neue Lebensweise gestalten konnte, die ohne den wohlthätigen und schützenden Einfluß der großen Abteien wohl unmöglich gewesen wäre. Diese vereinigten mit dem wohlthätigen und milden Einfluß der geistlichen Gewalt zugleich alle Reichthümer und die Macht der Gebietsherren.

Man hat traurige Gemälde von den Mißbräuchen und Lastern entworfen, die in einem Theile des Clerus und der Klöster herrschen

und entwirft deren noch; man erzählt mit einem gewissen Wohl=
behagen Beispiele von Ueppigkeit und Habsucht, die ihren Schatten
auf die Kirche geworfen haben. Aber, wie der Weltapostel schon
vor 1800 Jahren sagte: „in einem großen Hause sind nicht bloß
goldene und silberne Gefäße, sondern auch hölzerne und irdene:
und zwar einige zur Ehre, andere zur Schande." *) Die Kirche
selbst, die Päpste, die Concilien, die heiligen Bischöfe, die Ordens=
reformatoren haben zuerst und zu jeder Zeit auf diese Aergernisse
aufmerksam gemacht und Alles gethan, um sie abzustellen und ihnen
vorzubeugen. Aus ihren Beschlüssen über diesen Punkt schöpfen die
Verläumder des Katholicismus ihre Anklagen gegen die Einrichtung
der Klöster; es wäre nur Ehrlichkeit, auch diese Quellen und die
ergriffenen Gegenmittel anzugeben. **)

---

*) 2. Tim. 2, 10.

**) Es gibt selbst Katholiken, welche ohne ihre Worte wohl zu über=
legen, durch den Anblick mancher nicht zu leugnender Uebelstände in manchen
Klöstern sich verleiten lassen, zu sagen: Um dieses oder jenes Kloster wäre
eben nicht Schade, wenn es aufgehoben würde. Solche Reden sind Waffen in
den Händen der Gegner. Sie berufen sich darauf, daß selbst „gute" Katholiken
wenigstens theilweise eine Aufhebung der Klöster wünschen; weil aber von der
Kirche hierin nichts zu erwarten sei, so müsse der Staat eingreifen. Nicht dem
Staate steht es zu, unter dem Vorwande von Reform in das innere Leben
der Kirche gewaltsam einzugreifen. Sind einige Klöster nicht wie sie sein sollen,
so ist es Sache der Kirche, die nöthige Abhilfe zu treffen. Hätte der Staat
das Recht, Klöster aufzuheben, in denen der Ordensgeist verfallen ist, die nichts
Gutes mehr wirken, so müßte doch zuerst entschieden werden, welche Klöster
zu dieser Gattung gehören? Kann der Staat das Recht haben, zu entscheiden,
in welchem Kloster nicht mehr der rechte Ordensgeist sei? Der Staat hat auf
rein religiösem Gebiete nichts zu entscheiden. Und wie würde das Urtheil des
Staates da ausfallen? Wenn etwa unsere so „gut katholischen" Advocaten
darüber abzuurtheilen hätten? oder gewisse Gemeinderäthe, die so viel von der
verderblichen Moral der Jesuiten zu erzählen wissen? Da könnte es wohl
geschehen, daß gerade die besten Klöster zuerst aufgehoben würden. Das Recht,
darüber zu urtheilen, kann offenbar nur die kirchliche Obrigkeit haben. Soll
diese sich nun dazu hergeben und sagen: Staat, dieses Kloster taugt nichts
mehr, das kannst du aufheben? Die Kirche läßt ferner diesen wichtigen Punkt
der Klosterreform gewiß nicht aus den Augen. Er wird auch am nächsten
Concil einen Gegenstand der Berathungen bilden.

Man klagt den Clerus und die Ordensleute an, daß sie zuweilen in der Verwendung ihrer Güter nicht beachteten, daß sie ihnen nur anvertraut und das Erbgut der Armen seien. Die Kirche, die wachsame Hüterin dieses Erbgutes, ist solchen Veruntreuungen immer mit Strenge entgegen getreten. Will man die Sprache vernehmen, die sie seit Jahrhunderten über solche Stiftungen geführt hat? Man höre:

„Nie und aus keiner Ursache soll das Erträgniß einer Stiftung vermindert werden und wer einen Theil derselben hinwegnimmt, der werde mit dem Banne belegt als Berauber der Armen."

So sprach sich im Jahre 549 das Concil von Orleans aus; das war die Lehre der Kirche seit jener Zeit, das ist sie seither und immer gewesen.

Eben so hat sie auch Erbschleichereien und andere unerlaubte Mittel, die Güter der Ordensgenossenschaften zu vermehren, zu jeder Zeit getadelt und verworfen.

Versetzen wir uns in die Zeit der großen französischen Revolution. Alle Mißbräuche des alten Regierungssystemes wurden vor den Richterstuhl der französischen Nationalversammlung gebracht. Es handelte sich um die Erklärung der Kirchengüter zu Gütern der Nation. Jetzt oder nie sonst war der geeignete Augenblick, alle die Uebel aufzuzählen, welche die Anhäufung von Reichthümern in den Händen der Geistlichkeit erzeugt hatte. Die Vertheidiger dieser Maßregel, die so verschieden beurtheilt und so lebhaft bekämpft worden ist, hätten nur das Bild jener Ungerechtigkeit entrollen dürfen, die man noch heute in's Feld führt, um die Zustimmung zu gewinnen. Wir öffnen die Jahrbücher der Gesetzgebung jener Epoche, und wir sehen, daß Niemand die Verantwortung für eine so unverdiente Anklage auf sich nehmen wollte. Im Gegentheil, die Vertheidiger sowohl als die Gegner des Systemes der Nationalisirung, erklärten einstimmig, daß die Kirche und ihre Anstalten zu jeder Zeit die Neigung zeigten, zur Unterstützung der Armen selbst jene Güter zu verpfänden, die zum Unterhalte der Geistlichkeit bestimmt waren.

„Ich kann," sagte Duport in der Sitzung vom 23. October 1789, „aus verschiedenen Kirchengesetzen beweisen, daß den Geistlichen nicht mehr zugehöre, als was ihnen streng nothwendig ist, das Uebrige gehört den Armen." *)

Duport war für die Nationalisirung der Kirchengüter.

„Ich erwäge zuerst," sprach Malouet in der Sitzung vom 13. October 1789, „woher die Güter des Clerus ihren Ursprung haben. Ich finde da Gründer, welche errichten, Kirchen, welche empfangen, Geistliche, welche unter dem Schutze des Gesetzes im Besitzthume sind. Ich finde, daß das Recht des Gebers keine Anfechtung erleidet, daß er die Bedingungen seiner Schenkung mit einer Partei festgesetzt hat, welche die Verpflichtung einging, sie zu erfüllen, daß alle diese Uebereinkünfte das Siegel des Gesetzes erhalten haben.

„Was der Kirche geschenkt worden ist," setzte derselbe hinzu, „ist zugleich durch Substitution den Armen geschenkt worden; so daß, so lange es in Frankreich Menschen gibt, die hungern und dürsten, die Güter der Kirche nach der Absicht der Stifter auf diese übergehen, ehe sie wieder Gut der Nation werden können."

Abbé Sieyes sprach nicht minder deutlich:

„Die Kirchengüter gehören ohne Zweifel Jenen, denen sie geschenkt worden sind. Die Schenker hätten gewiß davon auch einen andern Gebrauch machen können. Sie hatten die freie Verfügung über ihr Vermögen. Nun, sie haben die Güter der Geistlichkeit und nicht der Nation gegeben. Die moralische und politische Körperschaft der Nation kann selbst nur die Eigenthümerin dessen sein, was man ihr gibt, oder dessen, was sie mit den Mitteln erworben hat, die ihr gegeben wurden. Es ist ja ganz leicht, die Schenkungsbriefe lesen zu lassen und mir, wenn ich im Irrthum bin, zu beweisen, daß es die Absicht der Stifter war, ihre Güter der Nation und nicht dem Clerus zu vermachen."

Selbst der Verfasser des Antrages, welcher dem Gesetze vom 2. November 1789 **) als Grundlage diente, Graf Mirabeau, drückte sich in der Sitzung vom 30. October mit folgenden Worten aus:

---

*) Bekannt ist das Beispiel des heiligen Märtyrers Laurentius, welcher die Güter der Kirche, die ihr der heidnische Fürst unrechtmäßig entreißen wollte, unter die Armen vertheilte. Er hat ganz im Sinne der kirchlichen Vorschriften gehandelt. Wenn Geistliche die Einkünfte der Kirchengüter benützen, um sich oder ihre Verwandten und Diener zu bereichern, so fällt die Schuld auf die Einzelnen, nicht aber auf die Kirche, deren Gesetze dieses verbieten.

**) Durch dieses Gesetz wurde alles Kirchengut in Frankreich als Nationalgut erklärt.

„Es war nicht meine Absicht, zu beweisen, daß der Clerus seiner Güter beraubt werden solle, noch daß andere Bürger, noch daß Käufer an seine Stelle treten sollen.

Eben so wenig wollte ich für die Meinung sprechen, daß die Staatsgläubiger d u r ch die Güter des Clerus bezahlt werden sollen, weil es keine heiligere Schuld gibt, als die Bestreitung des Gottes= dienstes, die Erhaltung der Kirchen und die Unterstützung der Armen.

Eben so wenig ging meine Absicht dahin, zu sagen, daß die Geistlichkeit der Verwaltung der Güter und der Einkünfte beraubt werden solle, deren Erträgniß ihnen sicher gestellt werden muß. Für= wahr, welches Interesse könnten wir haben, die Steuerbeamten an die Stelle treuer Verwalter, und verdächtige Hände an die Stelle von Händen zu setzen, die immer rein waren?"

Die constituirende Versammlung erhob keineswegs die Anklage, daß die Güter der Klöster unfruchtbar und todt seien; die Anklage hätte sich vor der Evidenz der Thatsachen nicht halten können, die Jedermann sehen konnte. Aber die Verfechter der Natio= nalisirung warfen ihnen besonders vor, daß sie keinem Wechsel unter= worfen seien. Man vernehme hier die Antwort, welche keine Wider= rede erfuhr:

„Man sagt, daß es wichtig sei, den Wechsel der Besitzer zu vermehren: gibt es Besitzungen, die rascher ihre Herrschaft wechseln? Alle zwanzig Jahre findet der Wechsel statt. *) Man gibt vor, die Landwirthschaft heben zu wollen. Gibt es Ländereien die besser gepflegt sind, als die unsern? Vergleichen Sie die Provinzen, in denen die Kirche Güter besitzt und Sie werden sehen, daß diese die reichsten sind, und sehen Sie jene an, in denen die Kirche wenig Besitzthum hat, und Sie werden sehen, daß das Land mit Mühe die erlahmenden Arme Jener belohnt, welche es ohne Lust bebauen." **)

---

*) In Oesterreich kann man Folgendes auf diesen Einwurf erwiedern: Das Vermögen der verschiedenen Stifte ist der Regierung genau bekannt. Als Ersatz für die Umschreibungsgebühren, die bei den Gütern dieser Stifte nie vorkommen, haben dieselben das sogenannte Gebührenäquivalent, bestehend in 3% des gesammten Güterwerthes, und die Mobilarsteuer mit 1½% des Werthes, alle 10 Jahre, einen jährlichen Zuschuß zum Religionsfonde, und bei der Wahl eines neuen Prälaten 5½% des jährlichen Einkommens als Taxe zu zahlen. Das ist ein mehr als hinlänglicher Ersatz.

**) Discours de l'abbé Maury, Moniteur Nr. 181, S. 329.

„Die Ausnützung der Abteien ist eine milde," sagte der Herr Vicomte von Mirabeau, „die Pachtzinsen sind gemäßigt....."

Und Niemand widersprach.

In der Sitzung vom 31. October sprach sich Herr von Balore, nachdem er den Ursprung der Kirchengüter dargelegt hatte, aus, wie folgt:

„Wenn der Clerus sich unwürdig gezeigt hätte, die Güter zu verwalten, welche zur Bestreitung des Gottesdienstes und zur Unterstützung der Armen bestimmt sind, so hätte der Staat ihm sagen können: Siehe, das ist deine Pflicht. Wenn wir aber mit dem edelsten Stolze versichern können, daß wir es verdienen diese Güter zu verwalten, sollen wir nun in der Furcht schweben, daß man, durch ein neues System, als Gerechtigkeit dahin gehen lasse, was nur eine entehrende Beraubung wäre?"

Am Allerwenigsten könnte man von dieser Seite einen Einwurf gegen jene Orden erheben, die sich vorzugsweise den Werken der Barmherzigkeit hingeben. Denn ihr Vermögen wird doch ganz zur Unterstützung der Leidenden verwendet, da die einzelnen Glieder derselben für sich selbst nur das Nothwendigste haben und ihr ganzes Leben wieder nur der Abhilfe gegen das menschliche Elend weihen. Ja, im Augenblick, wo die französische Revolution ihren Paroxismus erreichte, erklärte die Nationalversammlung feierlich, daß diese Orden sich um das Vaterland wohl verdient gemacht haben.*) Wer zählt ferner alle die wohlthätigen Anstalten, welche mit dem Kirchenvermögen im Laufe der Jahrhunderte gegründet wurden, wer die zahllosen Acte von Privatwohlthätigkeit, die aus demselben Vermögen floßen?

Wir werden uns aber später noch überzeugen, daß die übrigen Klöster mit ihrem Vermögen Vieles zum Nutzen der Menschheit thun, was der Staat nach Einziehung ihrer Güter nicht zu leisten vermöchte. Mag man die Kirche als eine göttliche oder als eine rein menschliche Anstalt ansehen, so hat sie das Recht, Eigenthum zu besitzen.

In der ersteren Voraussetzung besitzt sie dieses Recht von Gott, unabhängig von jeder irdischen Gewalt; die Natur dieser

---

*) Gesetz vom 18. August 1792.

Anstalt selbst, die Sprache der heiligen Schrift und der Kirchenväter, die Entscheidungen der Concilien, die bestehende Praxis der Kirche beweisen dieß zum Ueberflusse.

In der zweiten Voraussetzung können wir uns auf die unbestrittensten Grundsätze des socialen Rechtes berufen. Die Kirche, weit entfernt, durch ihr Ziel und ihre Thätigkeit den Zwecken der bürgerlichen Gesellschaft entgegen zu sein, bereitet dieser vielmehr namhafte Vortheile. Es ist also gerecht, daß die Regierung der Kirche das Recht zuerkenne, eben so gut Eigenthum besitzen als bestehen zu dürfen.

Das Eigenthum der Staatsbürger wird nicht minder angetastet, als das der Kirche, wenn diese ihrer Güter beraubt wird. Die Staatsbürger sind in der Wirklichkeit entweder Geistliche oder Laien. Die Geistlichen haben, als Individuen, das Recht des freien Gebrauches jener Güter, die der Kirche zum Entgelte für den Eifer ihrer Diener oder unter dem Titel des einfachen Wohlwollens gegeben wurden; die Laien haben das Recht, wenn sie reich sind, daß ihre testamentarischen oder sonstigen Verfügungen zu Gunsten der Kirche geachtet werden, und wenn sie arm sind, daß sie nicht der Hilfsquellen beraubt werden, welche ihnen die Güter der Kirche zusichern. Würde dieses Recht geleugnet, so würde zugleich (wenn auch nicht ausdrücklich) gesagt, daß der Staat, nachdem er die Kirche beraubt hat, kraft derselben Grundsätze auch die übrigen Gesellschaften berauben und endlich jedes Besitzrecht an sich ziehen könne, um so in trauriger Weise auf den Socialismus hinaus zu kommen, welcher die Vernichtung aller menschlichen Freiheit ist.

Mit welchem Rechte könnte man also die Klöster aufheben und ihre Güter einziehen? Das französische Gesetz vom 18. August 1792 belehrt uns darüber in dem Beweggrund, den es anführt: „Dieses geschieht deßhalb, weil ein wahrhaft freier (!!) Staat in seinem Schooße keine Körperschaft dulden darf." So wird denn also das Tragen eines Ordenskleides nach demselben Gesetze als ein Verbrechen gegen die Sicherheit des Staates erklärt!

---

*) Ein Arbeiterführer hat vor Kurzem einen andern Grund für die Einziehung der Kirchengüter angeführt. Er sagte: „Das Eigenthum der Klöster,

Dritte Frage:

Gewinnt der Staat durch die Aufhebung der Klöster?

Gerade in einem freien Staate hat die weltliche Macht am wenigsten das Recht, die geistlichen Orden zu verbieten, so lange sie die gerechten Gesetze des Staates auf seinem Gebiete achten. Die Güter der Klöster sind nicht durch Raub und Betrug, sondern auf vollkommen rechtliche Weise unter den Augen des Gesetzes zu Stande gekommen, es kann also eine Einziehung der Klostergüter nicht im Namen einer schuldigen Restitution stattfinden; die Klöster als solche haben sich keines Hochverrathes, keines schweren Verbrechens schuldig gemacht, es kann also von einer Strafe der Confiscation keine Rede sein. Die Klöster besitzen ihre Güter durch Stiftung, Erbschaft und eigene kluge Wirthschaft, also unter vollkommen und allgemein giltigen Rechtstiteln, wo könnte es also ein gerechtes Gesetz geben, das die Einziehung der Güter der Klöster unter was

---

die 64 Millionen werden uns wahrhaftig nicht herausreißen; aber diese Summe ist in der Hand eines fremden Agitators, der unser Gewissen in Bande schlägt, und deßhalb muß es uns gelüsten, ihm dieses Gut wegzunehmen." Der Mann ist selbst die lebendige Widerlegung seines Beweisgrundes, denn sein Gewissen ist gewiß nicht von der Kirche in Bande geschlagen worden. Aber es hat dieses Wort seine ernste Seite. So lange die Kirche noch Vermögen, Güter hat, ist sie von dieser Seite wenigstens unabhängig und kann ihre Wirksamkeit zur Erhaltung und Verbreitung der Religion entfalten. Ohne eigenes Besitzthum aber in zeitlichen Dingen, ganz abhängig vom Staate und vom guten Willen der Einzelnen, sind ihr die Hände in tausend Fällen gebunden. Dann kann sie freilich die Gewissen nicht mehr so knechten, d. h. dann kann sie freilich dem Ueberhandnehmen des Unglaubens nicht mehr so steuern, so frei und offen gegen alles Unrecht und alles Laster auftreten, die Armen nicht mehr so unterstützen und dadurch den Händen jener glaubenslosen Volksführer entreißen. Und das wäre eigentlich das erwünschte Ziel solcher Männer. Aber das gibt noch immer dem Staate kein Recht zur Aufhebung der Klöster oder Einziehung ihrer Güter. Manches mag Einem unbequem sein, wenn der Andere aber in seinem guten Rechte ist, so muß er sich schon darein fügen, darf sich wenigstens nicht durch Anwendung von Gewalt zu helfen suchen.

immer für einem Vorwande anordnen könnte. Von Seite des Rechtes ist also den Klöstern nicht beizukommen, man müßte denn das Vorgehen der französischen Revolution 1792 oder die Grundsätze des Socialismus für Recht gelten lassen. Aber es ist doch schrecklich, hört man sagen, wenn der Staat nicht berechtigt sein sollte, diese Parasiten, diese Müssiggänger, diesen Krebsschaden an seinem Organismus zu beseitigen. Millionen und Millionen von Gulden sind in den Händen dieser Menschen, die nur davon prassen und schwelgen, während ein großer Theil des Volkes im Elend schmachtet! Soll das auch noch recht sein? Nein, recht wäre es nicht; recht ist es nicht, daß unsere Millionäre wuchern und auf thörichte, selbst schlechte Dinge ihr Geld ausgeben, um die Noth des Volkes sich aber nicht kümmern, ja, im Gegentheile, dieselbe noch vermehren. Das ist nicht recht; aber das Recht auf den Besitz ihrer Güter, so weit er nicht von Rechtswegen fremdes Eigenthum ist, haben sie doch; und Niemand darf ihnen mit Gewalt ihre Güter wegnehmen, der Staat nicht und das Volk nicht. Man muß hier eben zwischen recht und Recht einen Unterschied machen. Um so mehr aber haben die Klöster das Recht, zu bestehen und ihre Güter zu besitzen, weil sie in Wahrheit keine Schmarotzer, sondern nützliche Mitglieder des Staates sind, ja dem Staate manchen großen Nutzen bringen, den er sich in gar keiner andern Weise verschaffen könnte. Das ist es, was wir in dieser dritten Frage beantworten wollen. **Was leisten die Klöster für den Staat, für die Menschheit?** Wir befragen hier wieder unverdächtige Zeugen und zwar: die Geschichte und die Andersgläubigen. Wir werden von diesen eine überaus günstige Antwort auf diese Frage vernehmen.

Durcheilen wir zuerst im Fluge die Jahrhunderte der Vergangenheit, und sehen wir, was die Klöster dem Staate und der Menschheit geleistet haben.

Der Ursprung der geistlichen Orden steigt in die ersten Jahrhunderte der Kirche hinauf. Von deren Gründung an finden wir in ihr das klösterliche Leben unter der einen oder der andern Form; die Gott geweihten Witwen und Jungfrauen sind gebunden durch ein Gelübde der ewigen Keuschheit; die alten Concilien beschäftigten sich mit besonderer Fürsorge mit diesem auserlesenen Theil der christlichen Heerde. Die Sorgfalt der Kirche ist dahin gerichtet, die Disciplin unter ihnen in entsprechender Weise zu regeln. Die Jungfrauen legten ihre Gelübde öffentlich in der Kirche ab; sie empfingen den Schleier aus der Hand des Bischofs. Selbst während diese Jungfrauen und Witwen noch im Hause ihrer Eltern verblieben, wurden sie dennoch unter die kirchlichen Personen gerechnet. Auch damals nahm man schon ihre Dienste für die Pflege der Kranken und den Unterricht der Kinder in Anspruch.

Um dieselbe Zeit, die Zeit der Verfolgungen, bestimmte der Eckel vor der Welt und das Streben nach christlicher Vollkommenheit eine große Anzahl von Christen, sich in die Thebaische Wüste und die umliegenden Gegenden zurückzuziehen; und so entstand das Klosterleben, das eine so rasche Ausdehnung gewann.

Man hat mit Recht die Bemerkung gemacht, daß die Errichtung klösterlicher Anstalten nebst dem höheren und heiligen Zweck, der dabei hauptsächlich im Auge gehalten wurde, jederzeit auch einer irdischen und socialen Noth entgegen kam. So hat das Christenthum, als es die Ketten der Sklaverei gebrochen hatte, wohl begriffen, daß es eine heilige Pflicht gegen Jene zu erfüllen hatte, die ihm ihre Befreiung verdankten. Zugleich mit der religiösen, mit der bürgerlichen und mit der politischen Freiheit mußte ihnen auch das tägliche Brot gegeben werden. Es bedurfte eines socialen und energischen Mittels, um den befreiten Sklaven auch das Leben sicher zu stellen und um sie nicht in eine gänzliche Entblößung verfallen zu lassen. Dieses ist ebenfalls eine der ersten Ursachen der Errichtung der Klöster. Man muß sich gegenwärtig halten, daß zwei Drittheile der Menschheit mit den Ketten der Sklaverei beladen waren, als Christus zur Erde kam, ihr sein Evangelium zu verkünden. In diesem Sinne konnte Graf Josef de Maistre sagen, daß das Christenthum an die Stelle der körperlichen und gewaltsamen Sklaverei die geistige und freiwillige des Klosterlebens gesetzt habe. Diese freiwillige Hinopferung war eine Nothwendigkeit, um durch die Arbeit des Feldbaues einer stets wachsenden Bevölkerung, welche der Freiheit wieder gegeben war, den nöthigen Unterhalt zu verschaffen.

Die Errichtung von Klöstern war eines der vorzüglichsten Beförderungsmittel der Civilisation im Mittelalter. Im Gefolge der erobernden Franken erschienen die Mönche, um die Wälder urbar zu machen, den Boden und die Geister zu kultiviren, die Gesinnungen guter Sitte unter barbarische Völker zu tragen; in den Schulen der Klöster beginnen die jungen Franken zugleich die Grundsätze der Religion zu erlernen und Geschmack an den Wissenschaften zu gewinnen.

„Das Christenthum," so schreibt Laurent,*) „hat Europa civilisirt. Die Mönche, unermüdliche Pionniere, machen die Wälder urbar, trocknen die Sümpfe aus; die materielle Cultur führt die intellectuelle herbei. Die Kirche dient als das Band, welches die Verbindung der alten Civilisation mit der Barbarei herstellt; sie rettet die Welt, indem sie ihre Sitten reinigt, sie wird ein Princip des Friedens und der Menschlichkeit mitten in einem Zeitalter brutaler Gewalt...

„In welchem Zustande befand sich Deutschland vor seiner Bekehrung? Der Boden war zum großen Theil mit Wäldern und Sümpfen bedeckt und der Zustand der Bevölkerung entsprach der Natur des Landes. Die Deutschen waren vorzugsweise Jäger und Hirten; sie besorgten, wenn sie an einen bestimmten Ort sich bänden, ihre kriegerischen Gewohnheiten zu verlieren; in zerstreuten und unförmlichen Hütten wohnend, mit den Fellen der auf der Jagd erlegten Thiere sich bekleidend, waren sie eben so wild wie das Land, das sie bewohnten. Die Mönche begannen mit der Umbildung des Bodens. Die Wälder lichteten sich, die Sümpfe wurden weniger; Ackerbau ersetzte die Viehweide; Dörfer und Städte wuchsen empor um die Zellen der Mönche. . . . .**)

„Die Gründer der Abteien waren für Europa, was die amerikanischen Pionniere für die neue Welt sind; aber die Pionniere treibt zur Arbeit die Sucht nach Gewinn; die Mönche arbeiten für das Heil ihrer Seele und die Frucht ihrer Arbeit kommt den Armen zu Statten."

Wem verdankt die Menschheit diese Wohlthaten? Dem heiligen Benedikt, dem Ordner des abendländischen Mönchthums. Er gibt seinen Ordensleuten die Aufgabe, das Land urbar und fruchtbar zu machen. Führen wir die Regel an, welche Europa umgebildet hat: „Die Unthätigkeit ist eine Feindin der Seele; so sollen also auch die Brüder beschäftigt sein, zu gewissen Stunden mit Hand-

---

*) Etudes sur l'histoire de l'humanité, t. V.: les Barbares et le Catholicisme pp. 133, 195, 272, 426 et suiv. Laurent ist im Allgemeinen ein erklärter Gegner des Klosterlebens!

**) Mignet, la Germanie au VIII. siècle.

arbeit, zu andern Stunden mit heiliger Lesung." Nachdem er die Arbeitsstunden geregelt, setzt der heilige Benedict hinzu: „Wenn die Armuth des Ortes, die Noth oder das Einsammeln der Früchte die Brüder ununterbrochen beschäftigt, so sollen sie deßhalb ohne Kummer sein; denn sie sind wahrhaft Mönche, wenn sie von der Arbeit ihrer Hände leben, so haben es ja unsere Väter und die Apostel gemacht."

Mit den Benedictinern wetteifern später die Karthäuser. Der heilige Bruno, Bischof von Rheims, unterstützt durch die Rathschläge des Bischofs Hugo von Grenoble, begibt sich mit sechs Gefährten in die Einöde, aus der Grande-Chartreuse entstand, errichtet dort drei Stunden von Grenoble sieben arme Hütten und ein Bethaus; und der Orden der Karthäuser ist gegründet. Die sieben armen Zellen, errichtet auf den Gipfeln der französischen Alpen werden die Grundlage einer weit ausgedehnten Cultur. Die urbar gemachte Einöde bedeckt sich mit Gehölz, von dem Frankreich sich nährt; die Tannen, die Lärchen, die kräftigen Ulmen, die riesigen Platanen, auf unfruchtbaren Felsen gepflanzt, in der Tiefe schauerlicher Abgründe, erheben sich von Höhe zu Höhe, bis zum Himmel, wie die Hände derjenigen, die sie gesetzt haben. Laienbrüder, gleich zahlreich mit den Priestern, üben ihre Arme in allen Handwerken, sie geben gute Zimmerleute, gewandte Tischler, bewunderungswürdige Drechsler ab. Die Karthäuser schaffen ein System der Waldcultur, dessen Vortheile geschätzt werden von den Fachmännern der Zeit, und welches im ganzen Königreiche Annahme und Verbreitung findet. Der Geist der Ordnung führt sie zu den besten Grundsätzen der Hauswirthschaft, und mit ihnen bereichert sich die Volkswirthschaft. Die fromme Arbeit einiger Hunderte von Einsiedlern liefert der nationalen Marine Bauholz. Wildbäche, deren Lauf in Fesseln geschlagen wird, befruchten bewunderungswürdige Ländereien, mit reichen Ernten bedeckt. Die Söhne des heiligen Bruno betrachten die ewigen Wahrheiten in den großen Wäldern, die sie gepflanzt, in den Wüsteneien, die sie belebt haben. Das ist noch nicht Alles; die Fortschritte in der Landwirthschaft, hervorgegangen aus ihrer überragenden Einsicht, und örtliche Verbesserungen, die das Werk ihrer unermüdlichen Anstrengung sind, gereichen der armen arbeitenden Claſſe zum Nutzen. Es werden über Wildbäche Brücken geſchlagen, Fabriken, Manufacturen, verſchiedene Erwerbsquellen beſchäftigen auf den Gipfeln der Berge und in den Tiefen der Thäler kräftige Hände, die ſonſt keine Arbeit hätten. Für Familien ohne Obdach werden auf Koſten der Karthäuſer Sennhütten gebaut. Den Ordensmännern gehörige Heerden werden an dieſe armen Familien verpachtet. Der Wohlſtand tritt bei ihnen an die Stelle des früheren Elends durch die Tugend der Arbeitſamkeit, die ſich allen mittheilt. Die Armuth, welche die Mönche gelobt haben, bringt den Wohlſtand der Ackerbauer hervor, ſowie die Macht des Lehens=herrn ihre Schwäche ſchützt. Die arme Claſſe der Landbewohner ſucht Schutz, nimmt zu und gedeiht unter dem Schatten des Kloſters und der Burg des Lehensherrn. Die Burg ſchützt ſie gegen Gewaltthat.

Bei dem Tode des heiligen Bruno (1101) gab es erſt zwei Karthäuſerklöſter. Im Jahre 1259 aber zählte man deren in den chriſtlichen Ländern 173.

Die Dienſte, welche der Orden der Karthäuſer, beſonders zu Grande=Chartreuſe, den arbeitenden und ackerbauenden Claſſen leiſtete, vermehrten ſich ſo von Jahrhundert zu Jahrhundert, daß am Ende des achtzehnten, alſo ſiebenhundert Jahre nach ihrer Gründung William Cobbett, der ſie 1793 beſuchte, uns erzählt, daß die Bewohner dieſer Gegenden nur mit tiefſter Verehrung von den vertriebenen Mönchen ſprachen. „Sie halfen," ſagte er, „den Bedürfniſſen der Armen mehrere Meilen in der Runde ab." Sie gaben, wie er ferner berichtet, den von Noth gedrückten Bebauern ihrer Aecker und dürftigen Familienvätern Vorſchüſſe, ſie begün=ſtigten induſtrielle Unternehmungen, welche ſich in ihren Bergen niederzulaſſen ſuchten. „Der Großprior," fügt er hinzu, „prüfte alle Geſuche dieſer Art und wurde ihnen gerecht, wenn ſie gegrün=det waren."

Die Gründe von Grande=Chartreuſe beſtehen noch heute in zwölftauſend Morgen Waldes und vierhundert Morgen Wieſenlan=des. Hüttenwerke, Sägemühlen, Werkſtätten hängen von ihr ab wie vormals. Der Geiſt der Karthäuſer blieb hier in den materiellen

Verhältnissen unberührt, sowie die Treue in Haltung ihrer Regel keine Veränderung erfuhr."

Die Grande-Chartreuse, welche 1792 verkauft werden sollte, fand keinen Käufer. Ludwig XVIII. gab sie durch eine Verordnung vom 27. April 1816 den Söhnen des heiligen Bruno wieder zurück.

Während die Karthäuser Manufacturen und Hüttenwerke gründeten, den Bedürftigen Arbeit gaben, dem Gewerbsfleiße Wege eröffneten, entsprachen andere Ordensmänner einem der dringendsten und noch am wenigsten berücksichtigten materiellen Bedürfnisse des Mittelalters, nämlich der Herstellung von Verbindungswegen für die Bevölkerung. Es war dieses der specielle, ja ausschließliche Zweck der Congregation der Frères pontifes (Brüder Brückenbauer). Eine bedeutende Anzahl von Brücken, von denen mehrere gewiß jetzt noch existiren, waren das Werk dieser geistlichen Arbeiter, aus deren Händen die schönsten und dauerhaftesten Constructionen hervorgingen. Die Frères pontifes füllten eine Lücke in der Civilisation aus. Als die Landesverwaltung in die Lage gekommen war, ihr Werk fortzusetzen, zogen sie sich zurück, das ist aber kein Grund, ihre Dienste nicht anzuerkennen.

An die Urbarmachung des Bodens reihte sich die Cultur des Geistes. Die ausgezeichnetsten Geschichtsforscher, Katholiken und Protestanten stimmen darin überein, daß sie frei von Parteigeist die Dienste verkünden, welche durch die geistlichen Orden in dieser Periode der socialen Umbildung geleistet wurden.

So schreibt der protestantische Historiker Plank: *)

„Dadurch wurden diese Mönche die größten Wohlthäter ihres Zeitalters und man darf wohl sagen, die größten Wohlthäter der Menschheit. Das Beispiel eines dem bloßen Wirken für Andere gewidmeten Lebens, das Beispiel der erhabensten Selbstverleugnung, der kein Opfer für Andere zu schwer war, auch das Beispiel der stillen Thätigkeit, des anhaltenden Fleißes und der bedachtsamen Ordnung, welches sie in ihrem Wandel, in ihren Handlungen und in ihrer Haushaltung gaben, und zu diesem der Anblick von dem Erfolge dieses Fleißes, dieser ordnungsmäßigen Thätigkeit, der sich nach dem Verflusse eines halben Jahrhundertes jedem Auge in den jetzt bewohnten

---

*) Geschichte der christlichen Gesellschaftsverfassung, II. 481.

Wüsteneien, in den ausgereuteten Wäldern, in den ausgetrockneten Morästen und in fruchtbare Felder verwandelten Sümpfen in der Nähe eines Klosters darstellten — dieses zusammen mußte in die Länge einen unwiderstehlichen Einfluß auf den ganzen Zeit= und Volks= geist haben und diesem Einflusse darf daher der größte Antheil an seiner allmälichen Umbildung und an den Fortschritten einer weiteren Cultur zugeschrieben werden."

So wurde die Cultur des Geistes durch die Cultur des Bodens und durch das Beispiel der Mönche angebahnt. Aber diese haben sich auch directere Verdienste um die Wissenschaft und den geistigen Fortschritt erworben.

„Was wäre aus Europa geworden nach dem Einbruch der Bar= barei," so ruft der berühmte englische Geschichtschreiber Macaulay aus, *) „wenn die Ueberreste der alten Civilisation nicht eine Zufluchts= stätte in den Klöstern gefunden hätten? Die Geschichtschreiber ver= gleichen die Wanderung der nordischen Völker mit einer Sündfluth; die Kirche ist die Arche, welche sich allein über den Wässern erhält, in Mitte des Sturmes und der Finsterniß, über dem Abgrund, der Alles zu verschlingen droht, was das Alterthum in Wissenschaft und Kunst hervorgebracht hat; sie pflegte den schwachen Keim, und die Frucht war die moderne Civilisation, die reicher und ausgedehnter ist als die der Alten."

„Die bürgerliche, nationale, provincielle und städtische Gesell= schaft war eine Beute aller Arten von Unordnungen," schreibt der ehemalige protestantische Minister Guizot. **) Sie löste sich auf nach allen Seiten. Jeder Mittelpunkt, jeder Zufluchtsort fehlte Jenen, welche etwas erörtern, sich auf etwas verlegen, gemeinsam leben wollten; sie fanden ihn in den Klöstern. Das klösterliche Leben zündet ein Feuer an, an dem der Geist sich entwickelt; es dient als Werkzeug der Befruchtung und der Fortpflanzung der Ideen. Die Klöster des Südens sind die Philosophenschulen des Christenthums; hier denkt man, hier prüft man, hier lehrt man; von da gehen die neuen Ideen aus, ja selbst die Häresien."

Der protestantische Bischof Tanner schreibt in seinem Werke über die Abteien, Klöster und Priorate, welche in England und Frank= reich vor der Reformation bestanden:

„In jeder großen Abtei gab es einen geräumigen Saal, Scrip= torium genannt, in welchem zahlreiche Schreiber ausschließlich mit dem

---

*) History of England, eb. I.
**) Histoire de la civilisation.

Abschreiben der Handschriften für die Bibliothek beschäftiget waren. Es ist wahr, daß sie sich bisweilen auf das Abschreiben von Legenden, Meßbüchern und anderen beim Gottesdienste gebräuchlichen Büchern beschränkten; die Mehrzahl aber beschäftigte sich mit der Wiedergabe der Kirchenväter, der Classiker, der Geschichtschreiber u. s. w. John Wethamsted, Abt von Sanct-Alban, ließ, während er diese Würde bekleidete, auf diese Weise achtzig wichtige Werke abschreiben. Achtundfünfzig wurden durch die Fürsorge eines einzigen Abtes, zu Glastonbury, copirt. So groß war der Eifer der Mönche für dieses Werk, daß man ihnen Ländereien schenkte, Kirchen übergab, um ihnen die Fortsetzung desselben zu erleichtern. In den hervorragenden Abteien gab es auch Ordensmänner, die den Auftrag hatten, die wichtigen Ereignisse, die im Reiche vorfielen, aufzuschreiben und jedes Jahr eine übersichtliche Darstellung derselben in Form von Jahrbüchern zu verfassen. In diesen verschiedenen Gedenkbüchern lieferten sie Notizen über die Gründer ihrer Klöster, über ihre Wohlthäter; sie machten Aufzeichnungen über die Zeit ihrer Geburt, ihrer Verehelichung, ihres Todes, über ihre Kinder und Nachfolger, so daß man oft bei ihnen sich Raths erholen kann, um das Alter von Personen festzustellen, um Stammbäume zu verfassen und zu prüfen. Die Constitutionen des Clerus, welche auf den National-Synoden erlassen wurden, und, nach der Eroberung, selbst die Acten des Parlamentes wurden in die Abteien geschickt, damit sie dort abgeschrieben würden. Lauter Beweise des Nutzens und der Vortheile dieser Ordenshäuser. Auf diese Weise wurden hier die Jahrbücher, die Acten und die kostbarsten schriftlichen Documente der Monarchie aufbewahrt. So wurde der Freiheitsbrief, von König Heinrich I. gegeben, (die Magna Charta) an eine Abtei jeder Grafschaft gesandt, damit er dort aufbewahrt werde."

An dieser Stelle führt der Verfasser zahlreiche Beispiele von solchen Hinterlegungen in Klöstern an und von Diensten, die sie sowohl der Regierung als Privaten durch ihre Aufzeichnungen leisteten. Er fährt weiter fort:

„Die Abteien waren Unterrichts- und Erziehungsanstalten; in jeder derselben gab es einen oder mehrere Ordensleute, die für das Lehramt bestimmt waren, und alle Bewohner der Nachbarschaft, die es nur wünschten, hatten die Erlaubniß, ihre Kinder dahin zu schicken und man gab ihnen dort unentgeltlichen Unterricht in der Sprachlehre und Kirchenmusik. In den Frauenklöstern befolgte man dieselben Uebungen und die Mädchen wurden dort in den Arbeiten ihres Geschlechtes, in der Kenntniß der englischen Sprache und selbst im Latein unterwiesen. Diese Schulen standen nicht nur den armen Kindern und dem Volke offen, sondern auch den Kindern der Bürger und der Adeligen,

welche dort eine vollständigere Erziehung erhielten, wie sie ihrer gesell=
schaftlichen Stellung angemessen war. Die Abteien dienten zur selben
Zeit als Herbergen und Spitäler. Die Mehrzahl von ihnen war,
oft als Bedingung ihrer Stiftung, gehalten, einer bestimmten Anzahl
von Armen täglich ihren Unterhalt zu geben. Ihre gastlichen Thore
waren jederzeit den Reisenden jeden Ranges und Standes geöffnet.
Wenn sich Adelige und selbst Bürger (nobility and gentry) auf
die Reise begaben, so hatten sie die Gewohnheit, in einem Kloster zu
übernachten, in einem anderen zu speisen, und machten fast nie Gebrauch
von den Gasthäusern. So groß war die Gastfreundschaft, welche in den
Klöstern geübt wurde, daß in der einzigen Priorei zu Norwich jährlich
1500 Viertel Malz, mehr als 800 Viertel Getreide und die übrigen
Lebensmittel in gleichem Verhältnisse verbraucht wurden. Die Ordens=
häuser dienten als Zuflucht alten Dienern und nahmen mit großer
Bereitwilligkeit die jüngeren Söhne der Familien auf, die hier ihre
Unabhängigkeit und Sicherheit fanden, welche ihnen anderwärts fehlte.
Sie bildeten kostbare Hilfsquellen für die Krone durch die großen
Taxen, welche sie beim Tode eines Abtes oder Priors und bei der
Wahl eines Nachfolgers zu zahlen hatten; durch ansehnliche Abgaben,
welche sie von ihnen für die Aufrechthaltung ihrer Freiheiten erhielt
und durch die Vortheile und Unterstützungen, welche dieselben alten
Staatsdienern und kirchlichen Personen, die im Dienste des Hofes
standen, einräumten. Die Abteien waren endlich von einem unbestreit=
baren Nutzen für die Gegenden, in denen sie gelegen waren, indem sie
eine große Menge von Besuchern herbeizogen, die Bewilligung zur
Abhaltung von Jahrmärkten erhielten, dieselben von den so strengen
Forstgesetzen befreiten, der arbeitenden Classe beständige und wohlbe=
zahlte Arbeit verschafften und ihre Ländereien zu den mäßigsten Preisen
verpachteten."

William Cobbet, ebenfalls Protestant, spricht den englischen
Freidenker Hume in Bezug auf die eben angeführten Stellen aus
Tanner so an:

„Jetzt also, boshafter Hume, komm' herauf und stelle dich vor
diesen protestantischen Bischof, dessen Werk du mehr als zweihundert=
mal angeführt hast und der hier jeden Theil deiner Beschreibung
geradezu Lügen straft. Anstatt deines „trägen Müßiggangs" (der
Mönche) haben wir den geduldigsten und beharrlichsten Fleiß; statt
deiner „tiefen Unwissenheit" haben wir in jedem Kloster eine Schule,
um unentgeltlich alle nützlichen Wissenschaften zu lehren; statt deines
Mangels „an aller Wissenschaft und an allem Geschmack" haben wir
das Studium, das Lehren, das Abschreiben und das Aufbewahren
der Classiker; statt deiner „Eigennützigkeit" und deiner „frommen

Betrügereien," um Geld von dem Volke zu bekommen, haben wir Spitäler für die Kranken, Aerzte und Wärterinen, um ihrer zu pflegen, und die uneigennützigste, gütigste und edelste Gastfreiheit; statt der „Sclaverei," die, wie du versicherst, von den Mönchen gelehrt wurde, sehen wir, daß sie das Volk von den Forstgesetzen befreiten und die große Urkunde englischer Freiheit bewahrten, und du weißt so gut als ich, daß, als diese Urkunde durch König Johann erneuert ward, diese Erneuerung eigentlich das Werk des Erzbischofs Langton war, der die Barone aufmunterte, sie zu verlangen." *)

Solche Zeugnisse für die Klöster des Mittelalters könnten noch viele angeführt werden. Hören wir noch den Freigeist Voltaire: **)

„Es war ein Trost für die Menschheit, daß es Zufluchtsorte gab, die denen offen standen, welche den Bedrückungen der gothischen oder vandalischen Herrschaft entgehen wollten. Man entrann in der Stille der Klöster der Tyrannei des Krieges. Die Gesetze des Feudal=systems erlaubten nicht, daß ein Sclave Mönch werde, aber die Klöster wußten dieses Gesetz zu umgehen. Die Klöster bebauten das Land, sangen das Lob Gottes, lebten nüchtern, waren gastfreundlich; ihre Beispiele dienten dazu, die Wildheit der barbarischen Zeiten zu mildern."

Erwähnen wir noch des Ordens der Trinitarier, welche die Christensclaven von barbarischen und ungläubigen Völkerschaften loskauften mit dem Gelde, das sie in Europa von Land zu Land, von Thüre zu Thüre gesammelt, oder wenn dieses zu Ende ging, mit der Hingabe ihrer eigenen Freiheit. Selbst Voltaire nennt die Institution der Trinitarier eine heldenmüthige. ***) Man hat berech=net, daß die Anzahl der Sclaven, welche sie losgekauft haben, sich auf 900.000 belaufen muß. †)

Fügen wir noch hinzu, was die Dominicaner in den neu ent=deckten Ländern jenseits des Oceans für die Verbreitung des Christen=thums und für eine mildere Behandlung der Eingebornen geleistet haben. Die Spanier behandelten die Bewohner dieser Länder wie Tiger, die sich auf ihre Beute stürzen. Papst Paul III. vertheidigte die Rechte der Menschlichkeit und verbündete sich zu diesem Zwecke

---

*) Geschichte der protestantischen Reform in England und Irland. Offenbach. 1827. I. 145.
**) Essai sur les moeurs.
***) Essai sur l' histoire générale, chap. 135.
†) Dictionnaire des Ordres religieux, t. III. p. 733.

mit diesem Orden; Bartholomäus de las Casas durchschiffte achtmal den Ocean, um endlich der Wahrheit zum Siege zu helfen, daß alle Nationen gleich frei sind und daß es keiner erlaubt ist, die Freiheit der andern mit Füßen zu treten. Karl V. endete diese Angelegenheit, indem er ihn zum General-Protector der Indier ernannte.

Was die Orden in dem bisher erwähnten Zeitraume in Europa geleistet haben, das leisten sie bis in die Gegenwart jenen noch überaus zahlreichen Völkerschaften, welche in der Barbarei und Finsterniß des Heidenthumes schmachten. Sie lehren die Wilden, um sie besser und glücklicher zu machen, die Kenntniß der Wahrheit und die Künste, die ihre Arbeit fruchtbarer machen, ihnen weihen sie Alles, was sie an Kraft und Einsicht besitzen, ihnen opfern sie Familie und Vaterland und wenn das ganze Leben noch nicht genügt, so schenken sie ihnen auch ihr Blut, damit es, ausgegossen über sie, die Erleuchtung und Reinigung vom Himmel herabrufe. In ihren Adern rollt doppeltes Blut, das des Ordenslebens und das der Märtyrer der drei ersten christlichen Jahrhunderte; von da nimmt jene übermenschliche Kraft ihren Ursprung, mit der sie begabt sind und von daher kommt es, daß wir bei Lesung ihrer Berichte uns in die ersten Tage des Christenthums zurückversetzt fühlen. *) — Das christliche Europa ist civilisirt, es bedarf nicht mehr der Mönche, welche erst die Bebauung des Bodens lehren, oder welche die Bücher abschreiben und die Schätze der Wissenschaft aufbewahren. Doch so weit auch die Civilisation fortgeschritten ist, so sind damit noch nicht alle socialen Nöthen beseitigt und der Wirksamkeit der Orden für die Linderung derselben ist noch ein weites Feld geöffnet, auf welchem sie denn auch die schönsten Siege feiern.

---

*) Daß doch diese Berichte, die „Jahrbücher der Verbreitung des Glaubens" in Oesterreich so wenig gelesen werden! Aus ihnen würde man den Geist der Jesuiten, Dominicaner und anderer Orden weit zuverlässiger und ganz anders kennen lernen als aus den Märchen der Zeitungen. Vom Jahre 1832 bis zum Jahre 1858 sind im Kaiserreiche Anam allein fünfzehn europäische Missionäre den Martyrertod gestorben; vom Jahre 1858 bis 1866 aber in den asiatischen Missionen überhaupt 21 Missionäre; darunter Priester aus den Orden der Jesuiten, Dominicaner und Lazaristen.

Laſſen wir, ehe wir die Wirkſamkeit der Orden in den civiliſirten Ländern ſchildern, uns von dem Proteſtanten Leibnitz über die Nützlichkeit geiſtlicher Orden auch in unſerer Zeit belehren. Leibnitz ſchreibt:

„Da indeß ein Jeder auf verſchiedene Art, entweder durch Befehl oder durch Beiſpiel, nach Stand und Fähigkeit, die Ehre Gottes befördern und ſeinem Mitmenſchen nützlich ſein kann: ſo iſt es offenbar, daß es nebſt Solchen, die als Staatsbeamte und Privatperſonen leben, zum größten Nutzen auch in der Kirche ascetiſche und beſchauliche Männer gebe, die, aller irdiſchen Sorgen entledigt, den Vergnügungen entfremdet, ſich ganz in die Anſchauung des göttlichen Weſens und in die Bewunderung ſeiner Werke verſenken, oder auch von allen eigenen Geſchäften entbunden, nur auf das bedacht ſind und feſt darauf beſtehen, daß ſie den Nöthen Anderer zu Hülfe kommen, indem ſie entweder Unwiſſende und Irrende belehren, oder Dürftigen oder Mühſeligen beiſtehen; und dieſes iſt nicht die geringſte der Eigenſchaften, welche jene Kirche empfehlen, die einzig den Namen und das Kennzeichen der Allgemeinheit zu jeder Zeit behauptete, und in der wir allein die hehren Beiſpiele der herrlichſten Tugenden und des ascetiſchen Lebens allenthalben glänzen und ſich fortpflanzen ſehen.

Ich geſtehe alſo, daß ich immer die Klöſter, die frommen Bruderſchaften und Vereine, nebſt andern dergleichen lobenswerthen Anſtalten, vorzüglich gebilligt habe, denn dieſe ſind gleichſam eine Himmelsmiliz auf Erden, wenn ſie nur fern von Verderbniß und Mißbräuchen nach den Satzungen ihrer Stifter regiert, und vom oberſten Biſchofe zum Nutzen der allgemeinen Kirche geleitet werden. Was ſollte wohl in der That ruhmvoller ſein, als das Licht der Wahrheit durch Fluthen, Feuer und Schwerter zu den entfernteſten Völkern tragen, nur mit dem Heile der Seelen ſich beſchäftigen, auf verſchiedene Vergnügungen und ſelbſt auf den Reiz der Unterhaltungen und der Geſellſchaften verzichten, um der Betrachtung der unergründlichen Wahrheiten und der göttlichen Beſchauung obzuliegen; ſich der Erziehung der Jugend widmen, um ſie zur Wiſſenſchaft und Tugend heranzubilden; den Elenden, Verzweifelten, Unglücklichen, Gefangenen, Kranken, im Unflath, in Banden, in weitentlegenen Gegenden Hülfe leiſten, ihnen beiſtehen, und ſich ſogar nicht einmal durch die Schreckniſſe der Peſt von ausgebreiteten Liebeswerken abſchrecken laſſen; wer dieſes verkennt oder verachtet, der hat nur einen gemeinen niedern Begriff von der Tugend, und beſchränkt in dummer Einfalt die Pflichten des Menſchen gegen Gott ſchlechthin auf äußerliche Verrichtungen und geiſtloſe Gewohnheiten, welche insgemein ohne Eifer und Gefühle geſchehen. *)

---

*) Syſtem der Theologie. In's Deutſche überſetzt von Räß und Weis.

Wir sehen, der Protestant Leibnitz nimmt sich auch der rein beschaulichen Orden an, die man in unserer Zeit als ganz unnütz erklärt. Daß die Mitglieder dieser Orden um des Müssigganges und Wohllebens willen in's Kloster gegangen seien, wird Niemand behaupten, der von ihren beschwerlichen Buß- und Gebetsübungen weiß. (Der Sturm gegen die Krakauer Carmeliterinen hat wenigstens das Gute gehabt, daß es in weiteren Kreisen bekannt geworden ist, wie strenge dieser Orden lebt.) Und sollte es ihnen aus dem Grunde des Müssigganges verweigert werden, ihre bisherige Lebensweise fortführen zu dürfen, wie viele Müssiggänger in der Welt müßte der Staat dann ebenfalls zwingen, eine thätigere Lebensweise zu ergreifen! Ohne Zweifel gibt es in der Welt weit mehr Müssiggänger und unnütze, ja sogar schädliche Glieder der Gesellschaft als in den Klöstern beschaulicher Orden, denn es gibt nur wenige solcher Klöster; der Beruf in ein solches Kloster kommt viel seltener vor als der in andere Klöster und der Zulassung zu den Gelübden gehen in denselben harte Proben voraus. Nach katholischer Anschauung aber sind sie nichts weniger als Müssiggänger. Hat doch Christus der Herr selbst der stillbetrachtenden Maria vor der thätigen Martha den Vorzug gegeben! Und nach der Lehre der katholischen Kirche ist „nicht der etwas, welcher pflanzt, und welcher begießt, sondern der das Gedeihen gibt, der Herr," *) ist es die Gnade, welche das Meiste wirkt! Die Gnade aber kommt durch das Gebet! Wenn die beschaulichen Orden also beten, wenn sie weinen, wenn sie leiden für Jene, die nicht beten, die nur lachen und sich vergnügen, wenn sie ihrem Herrn und Meister nachfolgend als unschuldige Opfer sich hingeben, um mit Ihm die Schuldigen loszukaufen, wenn sie durch das Verdienst ihrer Opfer und ihrer flehentlichen Fürbitten den Arm der göttlichen Rache aufhalten, der sich über das Laster erhebt, so haben sie ihren großen Antheil an allen den Werken, die auf dem Gebiete der Gnade, auf moralischem Gebiete gewirkt werden und sie, die dem Scheine nach die unthätigsten Orden sind, sind in diesem Sinne die nützlichsten und vor Gott verdienstvollsten. Wer aber diese katholische Lehre

---

*) 1. Cor. 3, 7.

auch nicht gläubig annehmen will, der sollte doch diejenigen achten und nicht Müssiggänger nennen, die nach ihrem Dafürhalten ja auch ihm Gutes thun, auch für ihn ein so strenges Bußleben führen.

Die Orden der katholischen Kirche sind vorerst eine sociale Wohlthat für die Mitglieder selbst. Napoleon, der rauhe Kriegsmann, den Niemand der Frömmelei beschuldigen wird, sprach es offen aus: „Es ist eine Zufluchtsstätte nothwendig für Solche, die schweres Unglück getroffen hat, für schwache Seelen und für Menschen von hochstrebender Phantasie." Und ein Correspondent der Revue Britannique aus Turin, der sich selbst einen Freidenker nennt, schreibt in diesem Blatte (1. März 1865):

„Wenn diese Genossenschaften sich aus freiwillig Eintretenden ergänzen, ohne irgend eine andere gesetzliche Sanction als die der Gelübde und des Gewissens, so werden sie in der Mitte unserer stürmisch bewegten Gesellschaft den Anblick von Oasen gewähren, in denen die Unglücklichen, erschöpft vom Samum der Schicksalsschläge, ihre Lippen wieder erfrischen und ihre Häupter ruhig hinlegen können. Das Kloster ist immer noch besser als der Selbstmord."

Wie Viele gibt es ferner, die allein und verlassen in der Welt dastehen, ohne irgend einen Freund, ohne irgend eine Stütze; wie Viele, die von ihren Angehörigen nur in bitter kränkender Weise behandelt werden, weil sie sich nicht eben so leicht über alle Bedenken des Gewissens, der Sittlichkeit, der Ehrlichkeit, der Ehrfurcht vor dem Heiligen hinwegsetzen können. Die leichtfertige Welt, die den Klöstern Feind ist, verliert an Solchen nichts, wenn sie in's Kloster gehen, ja sie gewinnt nur, denn es wird ihr eine Last hinweggenommen, diese Person aber findet im Kloster eine neue Heimat, Vater, Mutter, Brüder und Schwestern, und sie wird wieder erfüllt mit Lebensfreude und Energie, und im Vereine mit den andern Mitgliedern betheiligt sie sich mit dem größten Eifer an einem der Menschheit nützlichen Werke! Ja gewiß, Viele, die in der Welt nichts geleistet hätten, sie leisten Vieles in einem Orden; Viele, die in der Welt tief gefallen wären, erbauen als Ordensleute die Welt durch ihr Beispiel; Viele, die in der Welt unruhige Bürger gewesen wären, vielleicht nur Schaden angerichtet hätten, finden im Orden einen Zügel für ihre Leidenschaften, eine Regel und

Leitung für ihren Thätigkeitstrieb und verwerthen ihn in segenbringender Weise. So vermag die Kirche solche Elemente für Alle nützlich zu machen, welche ohne ihren Schutz nur dazu gedient hätten, die Menge des Elends und der menschlichen Leiden zu vermehren. Insbesondere gilt dieß mit Rücksicht auf das weibliche Geschlecht. Das Ordensleben erhöht das Weib, indem es dasselbe beruft, der Gesellschaft und der Menschheit zu dienen. Es gestattet, Fähigkeiten nutzbringend zu machen, die sonst in den meisten Fällen unfruchtbar geblieben wären. Wie sehr würde der Vergleich zu Gunsten der Klöster ausfallen, wenn man die Thätigkeit so vieler Töchter in der Welt vor ihrer Verheirathung, die sich kaum auf etwas anderes als Toilette und Unterhaltung erstreckt, und die Thätigkeit der Personen des gleichen Alters in den Klöstern neben einander stellen würde! Der ehelose Stand ist in unserer Gesellschaft für Manche eine unausweichliche Nothwendigkeit: das Ordensleben gibt Gelegenheit, ihn mit Ergebung, mit Freude, mit einem gerechten Stolze zu ergreifen. Wenn die Ordensperson den süßen Freuden ihrer natürlichen Familie entsagen muß, hat sie dafür nicht zum Troste die große Familie der Armen, der Verlassenen, der Waisen? Das Spital, die Schule, das Asyl, die Krippe vertreten ihr die Stelle des häuslichen Heerdes, hier entwickelt sie die Schätze der Liebe und der Wohlthätigkeit, die Gott in ihr Herz gelegt hat; hier ist der Familienzirkel, wo ihre Thätigkeit, ihr Verstand, ihr Eifer sich entwickeln kann und unaufhörlich frische Lebenskraft schöpft in der lebendigen und reinen Quelle des Bewußtseins, ihre Pflicht erfüllt zu haben. Das Christenthum hatte das Weib schon erhoben aus dem Stande der Erniedrigung, in den sie in der heidnischen Gesellschaft versenkt war; es hat seine Wiedererhöhung vollendet, indem es dasselbe zu dem Amte einer Trösterin der Betrübten, einer Dienerin der Armen, einer Erzieherin der Kinder erhob. Das Weib wird in dieser Weise eines der vorzüglichsten Werkzeuge der Ordnung und des Wohlbefindens der modernen Gesellschaft. Es ist darum sonderbar, wenn man von einem Mädchen, das in's Kloster geht, behauptet, daß es für die Welt verloren sei. Wenn sie dreißig bis vierzig Jahre lang der Erziehung nicht einiger, sondern vieler Kinder mit all' ihren Kräften sich weiht und gar keine Zeit mit Gesellschaften, Unterhaltungen u. dgl. verliert, wie hätte man da Grund zu sagen, daß sie für die Welt verloren sei?

Die Ueberfülle der Bevölkerung ist ein Gegenstand, über den unsere Nationalöconomen keinen Rath wissen. Es ist gewiß, die Vermehrung der Personen über das Bedürfniß eines jeden Standes ist eine der Wunden unserer Gesellschaft. Man will nun die frühzeitigen Ehen beschränken. Malthus sagt, ein junger Mann, der sich früh verheiratet und mit einer großen Kinderschaar umgibt, schaffe ein unheilbares Elend. Man beschränkt die Ehe, aber man befördert dadurch die Unsittlichkeit. Die Staatsöconomie erkennt diese zweifache Klippe; aber in ihrer Ohnmacht, den menschlichen Leidenschaften einen Zügel anzulegen, muß sie sich auf Empfehlungen beschränken, die in den häufigsten Fällen ohne Erfolg bleiben; sie legt endlich die Arme übereinander und schließt die Augen.

Der Katholicismus hingegen löst dieses furchtbare Problem auf die einfachste, vernünftigste und humanste Weise, indem er einen doppelten Beruf kennt und empfiehlt. Er empfiehlt die Ehe und nimmt sie in Schutz, aber er kennt auch einen Beruf zum ehelosen Stande und umgibt diesen mit großer Ehre im Priesterthume und in den geistlichen Orden. Wenn man von der einen Seite zur Einsicht gelangen kann, daß die beherrschende Gewalt, welche die Seele über den Leib ausübt, groß genug ist, daß der Mensch der Ehe entsagen kann, so gewahrt man dann auch auf der andern Seite, daß es im gesellschaftlichen Leben eine Menge von Pflichten gibt, die nur von Solchen mit Ernst erfüllt werden können, welche im Cölibate leben. Durch Uebernahme solcher Pflichten in einem geistlichen Orden verliert der ehelose Stand alles Beschämende selbst in den Augen der Welt. So löst sich dieses Problem und zwar nicht durch niedere Berechnungen und widernatürliche Gewaltthätigkeit, sondern durch den freien Willen selbst, durch erhabene Beweggründe und durch Schaffung eines nützlichen Standes aus jenen Personen, die sonst das Elend in der Welt nur vermehrt hätten.

Cobbett spricht in dem bereits angeführten Werke von demselben Gegenstande. Pastor Malthus, sagt er, will einen großen Theil der arbeitenden Classen vom Heirathen abgehalten wissen und Herr Scarlett brachte wirklich eine Bill in's Parlament, durch welche er jenes zum Theil eingeständlich beabsichtigte. Da schmähen diese Leute die katholische Kirche, daß sie grausam sei, weil sie Menschen, die dazu sich berufen fühlen, nicht zwingt, sondern ihnen nur erlaubt, das Gelübde der Keuschheit abzulegen; junge Leute der arbeitenden Classe aber wollen sie zwingen, ehelos zu leben oder dem Hungertode preisgeben! Durch die Abschaffung des Cölibats unter der Geistlichkeit hat man einen Stand zur Erzeugung von Menschen gebildet, welche vom Staate leben müssen; sind keine Pensionen für sie zu finden, so müssen sie dem Volke unmittelbar zur Last fallen; „und so haben wir das Parlament in den letzten zwanzig Jahren 1,600.000 Pfund Sterling aus den Steuern zur Unterstützung der armen Geistlichkeit der anglicanischen Kirche votiren gesehen und zu derselben Zeit, wo dieses Prämium zur Erzeugung von Müßiggängern bewilligt ward, wurde das Parlament mit Projecten gequält, den arbeitenden Theil der Gesellschaft zu zwingen, ein eheloses Leben zu führen! — Wenn wir das Gelübde der Keuschheit in der katholischen Kirche aus einem religiösen, moralischen, bürgerlichen oder politischen Standpunkte betrachten, so finden wir, daß es auf Weisheit gegründet und eine große Segnung für das Volk im Allgemeinen war."

Wir gehen aber jetzt daran, zu zeigen, daß das Wirken der geistlichen Orden in der That ein Segen für die Menschheit sei. Wann wäre wohl ein Wort von gewisserer Wahrheit gesprochen worden, als folgendes Wort des französischen Academikers Augustin Cochin:*)

„Die Thatsachen, unsere und euere Herren, drängen und rechtfertigen uns. Die Krankheit wirft Tausende von Menschen auf's Lager, der Tod hinterläßt Legionen von Waisen, das Elend zählt überall, in den Städten wie in den Dörfern, seine Opfer, die Unwissenheit erniedrigt die Völker, das Laster befleckt die Hälfte der Menschen und stürzt sie in Unflath, aus dem sie herausgezogen werden müssen oder in die Kerker, wo an ihrer Verbesserung gearbeitet werden muß — nicht an der Verbesserung der Gefängnisse, sondern an der Verbesserung der Gefangenen, zwei Drittheile dieser Welt schmachten in Sclaverei und Götzendienst. Nun, gegen diese schrecklichen Uebel unter der Menschheit ist eben diese Menschheit endlich, Dank dem

---

*) Correspondant, 24. October 1857.

Christenthume, an der Grenze der Geduld angelangt. Es ist Zeit, daß die Guten sich zum Kampfe schaaren gegen das Laster und das Elend, sonst würden sich Laster und Elend gegen die Guten erheben. Die rechte Zeit ist gekommen, daß das Menschenherz sich erweitere, denn aus der materiellen Welt verschwinden die hindernden Unebenheiten und die Verbindungswege zwischen den Menschen eröffnen sich, in der Erwartung, daß die Menschen auch noch andere Güter unter einander austauschen, als nur Ernten und Viehheerden

Katholiken und Christen aller Arten! welche Armee werden wir aufstellen, um diesen Kampf zu liefern und diesen Feldzug zu unterhalten?

Es gibt nur drei Mittel, zu wirken: Durch den Staat, durch die Religion und ihre Einrichtungen, und durch jeden Einzelnen. Wenn man mich fragt, welchem dieser Mittel ich den Vorzug gebe, so werde ich antworten, daß ich alle drei vorziehe; keines ist überflüssig, aber auch keines aus ihnen genügt. Wer weiß nicht, daß die öffentliche Wohlthätigkeit ein Recht auf Unterstützung erzeugt, daß die bloße Privatwohlthätigkeit der Laune folgt, gut ißt, in's Theater geht und keine feststehenden Stunden und Hilfsquellen hat? Dieß sind alltägliche Wahrheiten. Wie soll man nun zum Zweck der Belehrung und Unterstützung eine Art der Wohlthätigkeit erfinden, welche sichere Hoffnung verleiht, ohne zugleich ein absolutes Recht zu schaffen? Dieß ist das Wunder, welches durch die klösterliche Liebesthätigkeit zur Wirklichkeit geworden ist.

Wie aber es anstellen, damit nicht selbst diese in ein gewisses amtliches Wesen verfalle oder nur nach der Phantasie des Einzelnen sich gestalte? Dieß ist das Wunder der Genossenschaften in der katholischen Kirche. Wir wollen nicht, daß die Armen Gläubiger seien und darum sprechen wir uns gegen die Armensteuer aus, aber wir wollen auch nicht, daß sie leiden oder daß sie betteln und deßhalb lieben wir die Schwestern."

Lassen wir noch einmal einen gläubigen Christen sprechen, der zugleich ein berühmter Gelehrter ist, Baron Cauchy:*)

„Das dringendste Bedürfniß der Gesellschaft im Allgemeinen und unseres Jahrhunderts im Besonderen ist der Opfergeist. Um die Uebel aufzuhalten und zu heilen, die uns bedrängen, ist es nothwendig, daß dieser Geist sich bis zur Höhe der erhabensten und rückhaltlosesten Hingebung erschwinge .... Wohlan, der Geist des Opfers ist der eigenthümliche Character des Christenthums. Das Opfer, dargebracht für das ganze Leben und ohne Rückhalt geübt, macht die evangelische Vollkommenheit aus; also die evangelische Vollkommenheit

---

*) Dictionnaire des Ordres religieux, t. III. p. 1087 et 1088.

geübt und in's Werk gesetzt durch Menschen, die in der Absicht, Gott zu gefallen, sich dem Dienste ihrer Brüder weihen, ist das dringendste Bedürfniß unseres Jahrhunderts. Aber die evangelische Vollkommenheit übersteigt die natürlichen Kräfte des Menschen. Um ihre Uebung leicht und selbst gemeinverständlich zu machen, hat die katholische Kirche, durch Gottes Eingebung, den bewunderungswürdigen Gedanken gefaßt, die Menschen zum Zwecke des Opfers zu vereinigen, und diese wunderbare Vereinigung sind die geistlichen Orden. So sind wir also durch Vernunftschlüsse dahingelangt, daß die geistlichen Orden dem ersten Bedürfnisse unseres Jahrhunderts entgegen kommen."

Wie sehr hat er Recht. Unter den Uebeln, die unsere Gesellschaft bedrücken, gegenüber dem Egoismus der vom Glücke Begünstigten, dem Neide, den die in ihren Händen angehäuften Reichthümer erwecken, sieht man nicht unaufhörlich den Abgrund sich erweitern, der die Armen von den reichen Classen trennt? Nun, dieser Abgrund muß ausgefüllt werden, soll er nicht früher oder später die Gesellschaft verschlingen. Aber wie auf die Masse des Volkes einwirken, welches ein brennender Durst verzehrt, seine Lage zu verbessern, auch seinerseits die Freuden zu genießen, die der Reiche besitzt? Wie die Armen geneigt machen, daß sie sich in ihr Schicksal ergeben, sie trösten in ihrem Unglücke, ihre Leiden ihnen erträglich machen durch die Hoffnung auf eine bessere Zukunft? Wie ihnen Achtung einflößen vor dem Eigenthume, Gehorsam gegen die Gesetze, Unterwerfung unter die Autorität, wie Dankbarkeit für die empfangenen Wohlthaten in ihnen erwecken, ihren Haß mäßigen, ihren Neid vermindern, ihren Zorn besänftigen? Wie ihre Gedanken erheben, ihre Begierden von den sinnlichen Genüssen ablenken, in ihren Herzen eine feststehende Moralität bilden, welche sie wirklich zurückhält, daß sie der Neigung zum Laster und zum Verbrechen nicht nachgeben? Um dieses Werk zu vollbringen, bedarf es noch etwas Andern als des materiellen Almosens, der Arbeit, der Vermehrung von Versorgungsanstalten, der Handhabung der Gesetze und Verordnungen; es bedarf noch überdieß und vor Allem der unermüdlichen Wirksamkeit der christlichen Liebe, die das geistige Almosen mit dem materiellen verbindet, die sich erniedrigt mit dem Armen und ihm die Hand reicht als Einem ihres Gleichen, als einem Bruder.

Dieß ist die große Aufgabe der Orden in unserer modernen Gesellschaft. Allerdings können auch die Christen, die in der Welt leben, sich zu demselben Zwecke verbinden: ja die Ordensgenossen= schaften rufen selbst ihren Beistand an. Aber noch bleibt Vieles zu besorgen übrig, was gebieterisch die Mitwirkung von Personen ver= langt, die sich ausschließlich dieser Besorgung geweiht haben. Ueber= dieß ist ein Heerd nothwendig, der als Mittelpunkt für alle diese Bemühungen dient, ein Feuerheerd, der nach seiner eigenthümlichen und innersten Natur eine Garantie der Dauerhaftigkeit bietet und den Unterbrechungen und Schwankungen vorbeugt, die unvermeidlich sind bei einer großen Anzahl von Handelnden, die aber von einan= der isolirt sind.

Es bedarf vor Allem des Beispiels, nicht schöner Worte. Das kräftigste Almosen, der überzeugendste Grund für den Armen ist das Beispiel der Geduld in der Armuth, von Solchen gegeben, die freiwillig arm sind. Und das bietet der Bettelmönch! Er macht dem Volke die Wahrheit, daß die Lebenszeit nur eine Zeit der Prüfung sei und daß man die Leiden, die mit unserer Natur unzertrennlich verbunden sind, muthig ertragen müsse, verständ= lich und glaubwürdig. Die mit der Armuth ringenden Familien des Arbeiters in der Stadt und des Bauers am Lande lernen vom Bettelmönche, mit dem täglichen Brode zufrieden zu sein. Er ist ebenso Proletarier und mehr als sie; der arme Arbeiter, der gemeine Landmann fühlt sich behaglich, wenn er den Mönch anschaut, dem er seinen Kreuzer gibt und mit dem er seinen Bissen Brod theilt. Der Bettelmönch ist nicht nur die Personification der Tugend, der Buße für das Volk, er ist auch sein treuester Helfer in der Noth, er eilt an sein Krankenbett, er räth, er tröstet; er begleitet selbst den Unglücklichsten aus Allen auf seinem schweren Gange zum Schaffot. Ein Geschichtschreiber,*) der sicher nicht parteiisch zu Gunsten der Religion urtheilt, erzählt uns von dem Wirken dieser Bettelmönche während der Pest zu Marseille:

„Die Capuciner beriefen ihre Mitbrüder aus den andern Pro= vinzen und diese eilten zum Marthrium mit dem Eifer der ersten

---

*) Lemontey, histoire de la régence, t. I. p. 406.

Christen herbei; von fünfundfünfzig raffte die Epidemie dreiundvierzig dahin."

„Dieses Zeugniß des Geschichtsschreibers," sagt Lenormant,*) „muß noch vervollständigt werden. Diese Berufung aus allen Klöstern der Provence fand nicht nur Statt beim Beginn der Geißel; zweimal wurde das Kloster in Marseille geleert durch die ansteckende Krankheit, und die Letzten waren freiwillig gekommen, um sich wie eine dritte Schicht über den Leichen ihrer Mitbrüder hinzulegen, die als Opfer ihres Berufes gefallen waren."

Das schöne Ideal eines Bettelmönches ist selbst einer George Sand nicht entgangen.**) Dieser Orden ging so natürlich aus den Ideen des Christenthums hervor, daß mehrere protestantische Secten sie nachzuahmen gesucht haben; indem sie fast in gleicher Weise von den Almosen der Gläubigen lebten.

Wer hat nicht das Andenken an die unermüdeten Anstrengungen jenes Mäßigkeitsapostels bewahrt, der durch seine Predigten und seine feurige Propaganda so glücklich war, in Irland, seinem Vaterlande, Millionen von Menschen der verheerenden Leidenschaft des Branntweintrinkens zu entreißen? Dieser Apostel war ein armer Capuciner.

Die Gerechtigkeit ging langsamen Schrittes, aber sie kam endlich doch. Maguire, Mitglied des englischen Parlamentes, welcher eine populäre Biographie des P. Matthieu veröffentlichte, erhielt über dieses Buch ein Schreiben des Lord-Schatzkanzlers, M. Gladstone, das folgende Stelle enthält:

„Ich habe eine ungetrübte Freude genossen bei Durchlesung ihrer Biographie des P. Matthieu. Ich fühle mich beschämt, wenn ich daran denke, daß ich vor der Belehrung, die sie mir gegeben hat,

---

*) Des associations religieux dans le catholicisme, p. 25.
**) Siehe ihren Roman: Spiridion, der Besuch in der Einsiedelei von St. Hyacinth. — In Oesterreich kann man die hier geschilderte Wirksamkeit der sogenannten Bettelmönche am Besten in Salzburg und Tirol kennen lernen. Da sind sie denn auch die Lieblinge des Volkes, mit dem sie alle Beschwerden des Gebirgslebens theilen. Am Radstädter Tauern, in einer Höhe von mehr als 5000 Fuß steht in öder Einsamkeit Kirche und Wohnhaus für den Beneficiaten zur Hilfe für Verunglückte im Winter und zur Seelsorge für die Aelpler im Sommer. Noch vor wenigen Jahren war daselbst ein mehr als siebzigjähriger Capuciner-Vicar.

vielleicht gleich vielen Anderen nur eine unbestimmte Vorstellung von dem großen Verdienste dieses Mannes hatte, und die hohe Stufe der Tugend und Heiligkeit, die er zu erreichen wußte, nicht kannte. Abgesehen von dem Vereine der Mäßigkeit, den er verbreitete, welche ruhm= würdige Laufbahn apostolischer Arbeiten und persönlicher Opfer! Welchen Charakter haben sie gezeichnet in seiner einfachen und ernsten Darstellung, in seinem Geist der Andacht und vor allem in jener Liebe ohne Grenzen, durch die er uns in der That und in der Wahrheit den Glanz der Heiligkeit schauen ließ und der Welt in einem so hohen Grade das Bild unsers Erlösers gezeigt hat."

Es ist hier auch der Ort, des gemeinnützigen Wirkens des Capuciners P. Theodosius Florentini in der Schweiz zu gedenken. Er arbeitete mit richtigem Verständniß und rastloser Energie an der Lösung der wichtigsten Frage der Gegenwart, der socialen Frage. Ein Wort von tiefer Wahrheit sprach auch der Oberbaurath Hübsch, als er vom König von Württemberg gefragt wurde, wie denn die sociale Frage gelöst werden könnte? Euer Majestät, gab Hübsch zur Antwort, nur durch den Capuciner. *)

Die Orden der Barmherzigkeit sind es ferner, welche die christliche Liebe in heldenmüthiger Weise üben und dem geistigen und materiellen Elend zugleich steuern.

„Es gibt keine Gattung der heldenmüthigen Liebe," so schreibt eine erhabene Autorität, der Mann der Liebe, Pius IX., „der sie sich nicht geweiht hätten, selbst mit Gefahr ihres Lebens, diese Menschen voll der innigsten Erbarmung. Gefangenen, Sträflingen, Kranken, Sterbenden, Armen, kurz es gibt keine Unglücklichen, denen sie nicht mit der zartesten Liebe alle Hilfeleistungen einer ganz christlichen Wohl= thätigkeit und Fürsorge gewährt hätten; keinen Schmerz, den sie nicht erleichtert, keine Thränen, die sie nicht getrocknet, keine Nöthen, denen sie nicht abgeholfen hätten durch alle Arten von Werken und Unter= stützungen."

Diese Orden der Barmherzigkeit sind für unsere Zeit ein wahres Bedürfniß. Wir fürchten nicht, indem wir dieß behaupten, den Vorwurf der Anmaßung, denn gerade hier führt die Geschichte

---

*) Berh. R. v. Meyer, die sociale Gefahr der Arbeiterfrage. Wien, bei Sartori 1868. S. 27. Diese Brochüre führt den hier nur kurz berührten Punkt, das Wirken der Orden in der Arbeiterfrage, weiter aus und wird hier daher auf dieselbe verwiesen.

und die Einsicht Andersgläubiger in wahrhaft glänzender Weise unsere Vertheidigung.

Schon im vorigen Jahrhunderte hören wir den protestantischen und freisinnigen Minister Necker in der französischen Aufklärungszeit die katholischen Orden der Barmherzigkeit und insbesondere ihre Verwendung in den Gefängnissen vertheidigen. Man könnte dieß nicht entschiedener thun, als es Necker gethan hat, da er sprach:

„Ich wünschte den öconomischen Theil der Gefängnißverwaltung der liebevollen Sorge geistlicher Orden anzuvertrauen, deren Geist sich immer gleich bleibt, denn es ist eine religiöse Gesinnung, welche ihren Eifer nährt und erhält, und die Ordnung und der Anstand erhält sich so unter ihnen mittelst derselben Beweggründe, die sie dazu bestimmt haben, sich ganz dem Dienste der Armen zu weihen. Solche Anstalten, die nur der katholischen Religion eigen sind, sind wahrhaft achtungswürdige, und man kann die Unterstützung, die sie gewähren, nicht genug schätzen. Die weltliche Verwaltung könnte selbst mit Hilfe der genauesten Ueberwachung das nicht erreichen, was diese verborgene Triebkraft hervorbringt, welche zur Erfüllung auch der schwierigsten Pflichten antreibt, und welche diese Personen verpflichtet, auch den unbekanntesten und unwesentlichsten Kleinigkeiten so viel Sorgfalt und Aufmerksamkeit zuzuwenden, als die schmeichelhaftesten und liebevollsten Lobsprüche selbst in dem nicht zu bewirken vermöchten, was öffentlich gethan oder gesprochen wird. *)

Die Revolution räumte alle geistlichen Orden in Frankreich hinweg. Im Jahre 1789 hob ein Gesetz die Giltigkeit der klösterlichen Gelübde auf; durch ein Gesetz von 1790 wurden sie geradezu verboten, den Ordensleuten, welche sich mit dem öffentlichen Unterrichte und der Besorgung von Wohlthätigkeitsanstalten beschäftigten, jedoch das Beisammenbleiben in ihren Häusern erlaubt. Mit dem Gesetze vom 18. August 1792 wurden endlich alle geistlichen Orden ohne Ausnahme verboten und ihre Güter als Nationaleigenthum erklärt; den Orden, welche den Dienst in den Armenhäusern und Spitälern führten, wurde erlaubt (!), ihre Dienste als bloße

---

*) Dictionnaire d'économie charitable, t. III. p. 1660. Der Verfasser dieses Werkes, Martin Doisy, General-Inspector der Wohlthätigkeitsanstalten in Frankreich, schildert im 3. Bande in interessanter Weise das wohlthätige Wirken der Orden für Krankenpflege und Unterricht in diesem Lande.

Privatpersonen unter der Ueberwachung der Municipalbehörden fortzusetzen.

Es zeigte sich aber bald, daß dieses Gesetz nicht von der rechten Erkenntniß des allgemeinen Wohles dictirt war. Man griff bald mit beiden Händen wieder nach den Orden.

Unter dem Consulate wurde den barmherzigen Schwestern erlaubt, Novizinen aufzunehmen und für die Armen- und Krankenpflege heranzubilden. In der Einleitung des betreffenden Beschlusses vom 21. October 1811 spricht sich der Minister des Innern Chaptal in folgender Weise aus:

„In Erwägung, daß die Gesetze, welche die Corporationen unterdrückten, den Mitgliedern der wohlthätigen Genossenschaften die Bewilligung vorbehalten hatten, ihre Werke der Barmherzigkeit fortzusetzen und daß nur die Nichtachtung dieser Gesetze die Ursache ist, daß diese Anstalten sich gänzlich aufgelöst haben;

in Erwägung, daß die nothwendige Hilfeleistung für Kranke ohne eine Unterbrechung nur durch solche Personen bewerkstelligt werden kann, welche durch ihren Stand für den Dienst der Spitäler bestimmt und vom Enthusiasmus der Liebe geleitet werden;

in Erwägung, daß unter allen Spitälern der Republik jene mit der meisten Sorgfalt, Einsicht und Sparsamkeit besorgt werden, welche die ehemaligen Mitglieder dieser erhabenen Anstalten berufen haben, die zu ihrem einzigen Zwecke hatten, alle Werke einer Liebe ohne Grenzen auszuüben;

in Erwägung, daß die Sorgfalt und die Tugenden, welche zum Dienste der Armen nothwendig sind, durch das Beispiel eingeflößt und durch die Belehrungen einer täglichen Uebung beigebracht werden müssen. . . ." (folgt nun das Decret selbst.) *)

Ein Jahr später schließt ein Bericht desselben Ministers über diesen gemachten Versuch mit den folgenden Worten:

„Man beginnt allerseits die glücklichen Folgen der Wiedereinführung dieser werthvollen Anstalten zu fühlen; die Ordnung, die Sittlichkeit, die Sparsamkeit, eine menschenfreundliche Pflege sind in die Spitäler mit diesen achtungswürdigen Töchtern wiedergekehrt, die keine andern Wünsche haben, als das menschliche Elend zu lindern." **)

---

*) Moniteur universel, Nr. 99, 9. nivôse an IX.
**) Moniteur universel, du 13. nivôse an X; partie officielle, p. 411.

Die ausgezeichnetsten Aerzte Frankreichs brachten am Tage nach der Revolution den Spitalschwestern eine verdiente Huldigung dar: *)

„Unter den nützlichen Anstalten, die in einer gewissen Epoche der Revolution unterdrückt wurden, hat man immer jene der barmherzigen Schwestern schmerzlich vermißt; daher vernahm man auch allgemein mit Wohlgefallen den Entschluß des Ministers, diese Schwestern wieder in jene Spitäler einzuführen, wo sie ehedem mit so großem Eifer und Muthe ihre Sorgfalt im reichlichen Maße den armen Kranken zugewendet hatten, welche ihnen anvertraut waren."

Wenn wir von dem Archive des Ministeriums des Innern zu dem des Ministeriums des Cultus übergehen, welches damals von Portalis geleitet wurde, so finden wir da nicht minder interessante Documente über die Ordensgenossenschaften. **)

Die Actenstücke, welche von diesem erleuchteten Staatsmanne ausgingen, theilen uns mit, daß der Kaiser Napoleon am 17. Mai 1805 demselben aufgetragen hatte, ihm die verschiedenen Arten geistlicher Genossenschaften namhaft zu machen, welche sich den Werken der Liebe widmen, und die Frage stellte, ob dieselben nicht in eine einzige Genossenschaft verwandelt werden könnten.

Der Bericht des Ministers vom 2. Juni desselben Jahres spricht sich dahin aus, daß eine Vereinigung dieser verschiedenen Anstalten unthunlich sei und daß man die vorzüglicheren unter ihnen ermuthigen solle: jene nämlich, welche sich mit der Pflege der Kranken beschäftigen, jene, welche der Erziehung obliegen und jene, welche den Büßenden ein Asyl gewähren.

Ein zweiter Bericht dieses Ministers über denselben Gegenstand datirt vom 11. September 1805; wir entnehmen demselben folgende Stellen: ***)

---

*) Extraits des Registres de délibérations d'École de médecine de Paris. Seance du 9 pluviôse an X.

**) Der größte Theil dieser Documente ist dem Buche entnommen: Notice historique sur les etablissements de bienfaisance, par M. J. van Overloop, Bruxelles 1849.

***) Wir theilen nicht den Standpunkt des Ministers, der nach liberaler Sitte keine andere Rücksicht, als den Staatsnutzen kennt; aber gerade

„Jede Anstalt kann nur dann erlaubter Weise bestehen, wenn sie durch die öffentliche Gewalt gut geheißen ist. Es bestehen darüber bestimmte Grundregeln, nach welchen dieselbe diese Gutheißung entweder gewährt oder versagt. Eine Anstalt, sei sie was immer für eine, kann nicht vom Staate autorisirt werden, wenn sie dem Wohle des Staates entgegen ist: dieß leuchtet von selbst ein.

„Wenn eine Anstalt gut geheißen werden soll, so ist die erste Frage, ob sie vereinbar sei mit der Aufrechthaltung der öffentlichen Ordnung. Aber die Untersuchung dieses ersten Punktes genügt nicht. Eine Anstalt, die nur geduldet werden kann, weil sie nicht schädlich ist, ist deßhalb noch nicht gut vor dem Gesetze und man dürfte sie folgerecht auch nicht autorisiren. Eine Anstalt und insbesondere eine geistliche Anstalt muß zum Ziele ebenso den Nutzen der Menschen und den Vortheil des Staates als den der Religion haben. Eine lange Erfahrung hat die Nützlichkeit der barmherzigen Schwestern und aller jener weiblichen Genossenschaften gezeigt, die sich dem Dienste der Armen widmen. Auch Euer Majestät sind für die Wiedereinführung dieser Genossenschaften gepriesen worden. . . .

„Andererseits haben diese Anstalten in ihren Beziehungen zur Religion und Sittlichkeit die Approbation der Kirche und aller französischen Prälaten erhalten. Nachdem dieses feststeht, handelt es sich nur mehr darum, bei Untersuchung ihrer Statuten, welche zur Prüfung vorgelegt wurden, sich zu versichern, daß in denselben keine Detailbestimmungen enthalten sind, welche einem unserer Gesetze widersprechen würden; denn über den bekannten Zweck dieser Anstalten im Allgemeinen kann sich kein Zweifel erheben. Unsere Gesetze z. B. gestatten keine ewigen Gelübde; sie haben erklärt, daß jede Exemtion von der bischöflichen Gerichtsbarkeit abgeschafft sei. Sie verlangen, daß die Pflege der Armen, sei es in den Spitälern oder zu Hause, auf eine Weise geleitet werde, die nicht gegen die Vorschriften der Polizei oder die Grundsätze der Verwaltungsbehörden verstößt. Sie wollen ferner, daß die unentgeltliche Erziehung der Armen sowie die unentgeltliche Erziehung der Wohlhabenden unter der Oberaufsicht der Regierung und der Magistrate stehen. Aus diesen verschiedenen Gesichtspunkten ist es daher nothwendig zu untersuchen, ob die Statuten der barmherzigen und aller sonstigen Ordensschwestern Bestimmungen enthalten, die auf immerwährende Dauer der Gelübde und auf Unabhängigkeit

---

deßhalb verdient besondere Beachtung von Seite der Liberalen, was er über die Prüfung und Gutheißung der Ordensstatuten sagt. Will man ja auch in Oesterreich an die Ordensstatuten den Maßstab des Vereinsgesetzes und der Staatsgrundgesetze anlegen.

von der bürgerlichen Autorität oder von der bischöflichen Gerichtsbarkeit abzielen.

„Die barmherzigen Schwestern legen keine immerwährenden Gelübde ab, sondern nur zeitliche, ohne welche ihre Genossenschaft nicht fortbestehen könnte. In religiösen Angelegenheiten sind sie in Allem ihren Bischöfen unterworfen. In Allem, was sich auf die Pflege oder den Unterricht der Armen bezieht, erkennen sie die Nothwendigkeit an, die bürgerlichen Gesetze zu beobachten, die auf diese Gebiete Beziehung haben.

„Will man die Gutheißung oder Verwerfung noch weiter ausdehnen, vielleicht sogar auf Punkte der inneren Leitung oder der Disciplin? Will man in dieser Hinsicht zu den gegenwärtigen Bestimmungen noch neue hinzufügen, unter dem Vorwande einer größeren Nützlichkeit? Will man ihnen neue Statuten geben, statt sich darauf zu beschränken, die vorhandenen gut zu heißen? Dann nimmt Alles ein anderes Aussehen an und man setzt sich der Gefahr aus, nützliche Einrichtungen zu zerstören, in der eitlen Hoffnung, sie vernünftiger oder noch nützlicher zu machen.

„Die Frage, ob eine Anstalt gut oder schlecht, nützlich oder gefährlich, den Gesetzen entgegen oder entsprechend sei, ist bald gelöst, denn sie hängt nur von gewöhnlichen und allgemeinen Begriffen ab; wenn man aber das Gute verläßt, um nach dem Besseren zu streben, wenn man nachforscht, was zu thun wäre, damit eine Einrichtung den höchsten Grad von Nützlichkeit und Vollendung erreiche, in diesem Falle wird die Frage unlösbar, denn man verliert sich hier in die Wüste der Systeme oder in das Chaos der Meinungen oder einseitigen Forderungen. Bald will Jedermann seine Ansichten kundgeben und die Anstalt nach seiner Einsicht einrichten, die doch eigentlich nur **geschützt werden soll.** Die erleuchteten Personen widersetzen sich den Neuerungen und bemühen sich, das Gute, das vorhanden ist, wohl zu benützen; gibt man es aber willkürlichen Erörterungen Preis, so kann es verloren gehen. Die Gleichgiltigen, deren Zahl die größte ist, schweigen dazu und — gegen die Absicht Aller — tritt unter dem Scheine eines größeren Nutzens ein wirkliches Uebel ein.

„Zweitens hat das Gesetz die volle Macht, um nützliche Einrichtungen zu schützen, aber **es ist nicht das Gesetz, welches ihnen das Leben gibt.** Sie empfangen es von dem Stifter, der sie gegründet hat, sie bewahren es durch den Geist, den ihnen dieser Gründer mitgetheilt hat und der sich oft an Umständen festhält, die von der Menge gar nicht bemerkt werden. Oft genügt eine angenommene Vorstellung, eine Uebung, welche die Weltleute für gleichgiltig erachten würden und die sie als kleinlich zu verbannen sich beeilen würden, um die Seelen zu den größten Tugenden und zu den größten

Opfern fähig zu machen. Ich berufe mich hiebei auf die Erfahrung aller Jahrhunderte; die größten Werke, die in der Welt vollbracht wurden, waren nie das Ergebniß der bloßen Vernunft; um sie zu vollbringen, war jederzeit ein Etwas nothwendig, das noch über der Vernunft steht.

„Insbesondere wenn es sich um eine religiöse Einrichtung handelt, gibt man dieser Einrichtung den Todesstoß, wenn man sie von dem trennen will, was ihre Seele ausmacht. Die Philosophen selbst haben anerkannt, daß ohne die Religion die Armen immer nur von Miethlingen gepflegt worden wären; daß es wohl einige bevorzugte Personen hätte geben können, die ihnen zu Hilfe gekommen wären, daß aber nur die Religion ganze und zahlreiche Körperschaften von Männern und Frauen dem Dienste der leidenden Menschheit weihen konnte. Es sind die kleinen Uebungen der Frömmigkeit, welche die großen Werke der Wohlthätigkeit nähren und ermuthigen; es wäre ein großer Irrthum, zu meinen, daß man das Gute, welches die geistlichen Genossenschaften hervorbringen, erhalten könnte, wenn man die Quelle verstopft, welche sie hervorbringt.

„Ich füge hinzu, daß es das menschliche Herz schlecht kennen heißt, wenn man es hindert frei zu athmen in Dingen, die das Gesetz schützen will, die aber die Gesinnung befiehlt. Die Aufgabe der Obrigkeit ist es, zu wachen über die wesentlichen Pflichten des Bürgers, aber in den Werken, die über die Pflicht hinausgehen, muß man der freien Wahl einen großen Spielraum lassen. Die Menschen hängen sich desto mehr an gewisse Uebungen und an gewisse Tugenden, wenn sie sich dieselben selbst gewählt haben und wenn sie in ihrer Befolgung sich selbst gefallen und von sich selbst eine bessere Meinung haben können.

„Es scheint mir sehr wichtig, Sire, daß man bei Gutheißung der verschiedenen Genossenschaften sich auf die Regeln beschränke, die zu allen Zeiten in ähnlichen Angelegenheiten beobachtet wurden und daß man die Mitglieder dieser Genossenschaften nicht durch Aenderungen entmuthige, welche die Interessen des Staates nicht verlangen und welche selbst nur zum Schaden des Staates ausschlagen könnten. Alle die Anstalten der Wohlthätigkeit sind alt, man darf ihre Formen nicht ändern, wenn man sich nicht der Gefahr aussetzen will, ihren Geist zu zerstören."

So wurden mehrere Orden für Werke der Barmherzigkeit und für den Unterricht wieder hergestellt, unter ihnen auch die Schulbrüder.

Ein neuer Bericht des Ministers Portalis vom 24. März 1807 läßt erkennen, daß die Anordnungen des Kaisers ihre Tadler fanden. Einige Stellen aus diesem Berichte werden zeigen, in welcher Weise der Cultusminister antwortete.

„Euer Majestät haben in mehreren Erlässen verschiedene geistliche Genossenschaften autorisirt, deren Aufgabe die Pflege der Armen und der unentgeltliche Unterricht der Jugend ist. Gewisse Leute, die sich über alle Vorurtheile erhaben dünken, wollen in diesen Genossenschaften nur die Wiederherstellung der alten Klöster sehen, die Wiederkehr der alten Ordnung der Dinge, welche durch die Revolution abgeschaft worden ist und, wie sie sagen, nicht verdient, wieder herbeigewünscht zu werden; sie geben vor, daß die Armenpflege hinlänglich gesichert sei durch die weltliche Verwaltung der Hospitäler und daß für die Erziehung der weiblichen Jugend freie Anstalten den klösterlichen vorzuziehen sind.

„Diese armseligen Einwendungen haben ihre Quelle in der Unkenntniß der wahren Grundsätze, welche Euere Majestät in Ihren Handlungen leiten, oder in eitlen Theorien, deren Unhaltbarkeit die Erfahrung bewiesen hat.

„Man vergißt die großen Wohlthaten, welche die Menschheit den barmherzigen Schwestern oder Spitalschwestern und im Allgemeinen allen den verschiedenen Vereinen achtungswürdiger Frauen, welche sich aus einer liebevollen Frömmigkeit dem Dienste der Armen geweiht haben, schuldig ist. Weltliche Verwalter sind genöthigt, den Dienst in diesen Häusern Agenten, Miethlingen zu überlassen, deren Betrügereien man kaum überwachen kann und denen man keine Tugenden anbefehlen kann. **Der Geist der thätigen Liebe findet keinen vollständigen Ersatz durch den Geist der Verwaltung.** Etwas Anderes ist es, die Einkünfte zu verwalten, etwas Anderes die Kranken zu trösten oder zu pflegen. **Man muß sehr wenig Philosophie haben, wenn man glauben kann, daß die kalte Sorge eines Verwalters die Stelle der edelmüthigen Pflege einer brennenden Liebe vertreten kann.** Es gibt Leiden und Uebel, welche die Scham nur der Frömmigkeit zu offenbaren wagt, es gibt vertraute Mittheilungen, welche die Eitelkeit nur der Tugend macht. Wir können es nicht zu oft wieder sagen, die Pflege der Armen, wie sie in den Hospitälern und außerhalb derselben durch die geistlichen Genossenschaften geschieht, die wir kennen, ist keine einfache Verwaltung oder einfache Regie; **diese Pflege verlangt eine so große Selbstverleugnung, daß man sich ihr nur aus Beweggründen hingeben kann, welche über alle menschlichen Erwägungen erhaben sind. Sie ist eine Kunst,** welche eine Lehrzeit erfordert. Personen, welche allein dastehen und mitten unter den Zerstreuungen der Welt leben, können einige vorübergehende Werke der Barmherzigkeit ausüben, aber sie könnten nicht mit einer beständigen und muthvollen Ausdauer diesen Dienst der Wohlthätigkeit erfüllen, dessen Details alle Augenblicke des Lebens in Anspruch nehmen. In einer Genossenschaft vereinigt man alle seine Kräfte, um alle seine Hilfsquellen zu vervielfältigen; man wird ermuthigt durch die Beispiele und erleuchtet durch die Rathschläge; man wird geleitet durch Regeln, welche die Pflichten ins Gedächtniß rufen und ihre Erfüllung verbürgen. Die Einheit in der Leitung stellt die Uebereinstimmung im Wirken sicher, die Fehler werden verbessert, Mißbräuche abgestellt. Man nimmt Lehrlinge auf, deren Gesundheit, Character, Fähigkeiten man erprobt und denen man zugleich mit den Ueberlieferungen der Körperschaft den täglichen Unterricht der Erfahrung gibt. Alle diese Mittel der Aufnahme, der Ermuthigung, der Leitung und der Beständigkeit fehlen, wenn die Armenpflege nur von Verwaltungen besorgt wird, welche wechseln, oder von bezahlten Agenten, die jeden Augenblick willkürlich gegen Andere vertauscht werden können. Um dem Guten Fortdauer zu verleihen, bedarf es fortdauernder Institute.

„Es ist gar nicht zweckmäßig, zwischen eitlen Theorien eines Sophisten, der Unsinn schwätzt, und den wirklichen Hilfeleistungen, welche die Liebe der leidenden Menschheit bereitet, hin und her zu schwanken."

In einem Schreiben vom 3. April 1807 gerichtet an den Präfecten von Puy-de-Dôme sagte der Minister unter Anderem:

„Seine Majestät hat sich auf seinen Reisen selbst überzeugt, daß alle Hospitäler, welche einfachen weltlichen Verwaltungen anvertraut wurden, darniederliegen, daß die Armen dort oft nachlässig und selbst hart von den besoldeten Miethlingen behandelt werden. In Folge dessen hat er mir aufgetragen, in die Departements jenseits der Alpen und überallhin barmherzige Schwestern zu schicken, wo es noch keine gibt. Ich möchte hinzufügen, daß diese Schwestern den Bitten nicht genügen können, welche von den Präfecten, von den Gemeinden und den Verwaltungen der Hospitäler selbst an sie gelangen...

„Der Minister des Innern empfängt täglich durch seine Correspondenz neue Beweise der Nützlichkeit der geistlichen Genossenschaften für die Armenpflege. Das Zutrauen, welches die Mitglieder dieser Genossenschaften einflößen, wird eine Hilfsquelle und eine Quelle von Geschenken für die Hospitäler, welche sie besorgen, und welchen ohne sie oft das Nothwendige fehlen würde. Ich stütze mich hiebei auf ununterbrochen vorfallende und allgemein bekannte Thatsachen."

Der Kaiser verordnete endlich ein Generalcapitel der barmherzigen Schwestern und anderer der Armenpflege gewidmeten Anstalten. In seiner Antwort auf den Bericht, der ihm hierüber überreicht wurde, bestätigte der Kaiser alle auf dem Capitel beschlossenen Maßregeln.

„Es liegt mir sehr am Herzen," sagte er, „die Zahl der Häuser und der Mitglieder dieser verschiedenen Institute sich vermehren zu sehen, welche die Tröstung und Wartung der Kranken meines Reiches zum Zwecke haben.... Alle Häuser, um welche die Abgeordneten gebeten haben, alle Unterstützungen zur ersten Einrichtung und die jährlichen Unterstützungen, welche Sie (der Minister) für dieselben zu begehren für gut gehalten haben, werden bewilligt werden. Ich bin selbst geneigt, ihnen neue und noch größere Gunstbezeugungen zu erweisen...."

Und mit Decret vom 3. Februar 1808 bestimmte der Kaiser wirklich die Summe von 182.500 Francs für die erste Einrichtung und die Summe von 138.000 Francs für die jährlichen Unterstützungen dieser Häuser. Endlich mit Decret vom 18. Februar 1809 wurde diesen Congregationen wieder bewilligt, die Gelübde abzulegen und Novizen aufzunehmen, Güter zu besitzen und Geschenke und Vermächtnisse zu empfangen. Dieses Decret gilt auch heute noch.

Um die Tragweite dieses Decretes und des Gedankens, der es eingegeben hat, darzulegen, halten wir es für nützlich, einige Stellen aus dem Berichte des Staatsrathes Grafen Regnault Saint-Jean-d'Angely an die Section des Innern desselben Staatsrathes und an den Kaiser mitzutheilen:

„Alle diese Congregationen haben einen und denselben gemeinsamen Geist: man findet hier überall die reinsten Gefühle der Religion, hingerichtet auf die verdienstlichsten Werke der christlichen Liebe.

„Um über ihre Nützlichkeit ein Urtheil zu fällen, muß man sie nach ihren vorzüglichsten Beziehungen betrachten, in der Armenpflege und im unentgeltlichen Unterrichte.

„Die Armenpflege. Gott auf Erden dienen, indem man die erste Pflicht der Religion, nämlich die Pflicht der Liebe erfüllt;

unter den Werken der Liebe jene auswählen, welche fordern, daß alle Augenblicke des Lebens ihnen ganz geweiht werden, welche in allen Theilen die beschwerlichsten sind und um deren willen man bei den Kranken unaufhörlich das Widerstreben überwinden muß, dessen sich die Natur kaum erwehren kann; ähnliche Pflichten mit der gefühlvollsten Zärtlichkeit gegen die Unglücklichen erfüllen, die ihr Gegenstand sind; dieß ist der allgemeine Character aller dieser Ordensleute. Erkennt man nicht wieder in diesen Zügen die schützende Hand der Religion, die so schwache Wesen über die Kräfte der Menschheit zu erheben scheint, zu deren Unterstützung sie dieselben bestimmt?

„Diese Gefühle der Religion und der Liebe schöpfen eine neue Kraft aus der Vereinigung in eine Genossenschaft. Das gegenseitige Beispiel, die Unterwerfung unter eine gemeinsame Regel, deren einziges Ziel ist, den Armen die ganze Zeit zu widmen, die Entsagung für jedes andere Interesse als das der Armen, die Gewißheit, durch den Stand gegen jeden Wechsel geschützt zu sein, alles dieses vereinigt sich, damit die Hingabe eine vollständige und unwandelbare sei.

„Eben dieser Vereinigung in eine Genossenschaft verdankt man auch die bewunderungswürdige Erhaltung der zartesten Reinheit der Sitten, in Mitte der Verderbtheit einer großen Zahl der Armen, die in die Hospitäler aufgenommen werden oder welche die Ordensfrauen in ihren Häusern pflegen.

„Diese Frauen haben zur Stütze für ihre Tugend nicht nur das Pflichtgefühl und die Achtung, welche ihre Werke der Liebe selbst einflößen; sondern sie haben noch überdieß diesen Corpsgeist, der sie die mindeste Verletzung der öffentlichen Verehrung, in der sie stehen, als das größte Unglück fürchten läßt.

„Daher kommt es auch, daß ein Weib, das die Natur so schwach geschaffen hat, auch das verwegenste Laster zu einem achtungsvollen Benehmen zwingt; daher kommt es denn auch, daß nichts ihr verbietet, selbst Jenem zu Hilfe zu kommen, der durch seine Verderbtheit jedem Andern Entsetzen und Abscheu einflößen würde.

„Das Verlangen, der leidenden Menschheit zu Hilfe zu kommen, war zu allen Zeiten der Gegenstand der Fürsorge von Seite der Fürsten und des Nachdenkens von Seite der Philosophen. Keiner hat eine fruchtbarere und in ihren Resultaten sicherere Idee gehabt, als der heilige Vincenz von Paul, der, indem er den von religiösem Eifer erglühenden Herzen eine Regel gab, sonst nichts sagte, als: „von allen religiösen Uebungen ist die Sorge für die Armen die erste; sie muß den Vorzug erhalten."

„Es ist vergeblich, wenn man eben so glückliche Resultate in den gewöhnlichen Instituten suchen wollte. Es ist ein Irrthum, wenn Jemand meinen würde, daß die Gesinnungen der Humanität hinläng=

lich allgemein verbreitet seien, so daß es ein Leichtes wäre, Personen des einen oder andern Geschlechtes zu finden, die, ohne einen Theil ihrer Zeit religiösen Uebungen zu widmen, sich gänzlich der Pflege der Armen weihen würden.

Man hat darüber Erfahrungen gemacht in den Zeiten der religiösen und bürgerlichen Stürme, deren Zeugen wir waren. Die Ordenspersonen in den Hospitälern verdoppelten damals ihren Eifer; je mehr sie gequält wurden, desto heiliger wurden ihre Pflichten, gemäß der Lehre der Religion. Als endlich alle Religionen verbannt wurden, wurden auch sie durch den verheerenden Strom hinweggerißen; da sah man an den Pforten der Spitäler zur Krankenpflege Leute erscheinen, welche durch ihre persönlichen Bedürfnisse hingeführt wurden; ganze Familien zogen ein und unter dem Vorwande verschiedener Verrichtungen, die bisher unentgeltlich besorgt wurden, wurde ein Theil der Mittel, die für den Unterhalt der Armen bestimmt waren, verzehrt; mehrere Spitäler blieben ganz verlassen.

Selbst Jene, die nicht mit räuberischen Absichten in die Spitäler eintraten, konnten doch nicht die Gesinnungen der persönlichen Entsagung mit sich bringen. Sie hatten ihre Privatzwecke zu besorgen, ihre Familien zu erhalten, sie konnten auf die Vergnügungen und Gewohnheiten der Welt nicht Verzicht leisten; sie konnten noch weniger für die Armen diesen Diensteifer, diese Zuneigung haben, vor welcher die menschliche Vernunft zurückschreckt, wenn sie nicht durch die religiösen Gesinnungen erhoben und vervollkommnet wird.

In jenem Lande Europa's, in welchem die Regierung das Meiste für die Armen ausgibt, in England, genießen doch diese bei Weitem nicht die Tröstungen und diese Sorgfalt, die sie in Frankreich den Schwestern in den Hospitälern verdanken; man findet da wie auch in allen übrigen Theilen Europa's dieselben Uebelstände wie in Italien. Man errichtet Anstalten für die Armen im Allgemeinen und dem einzelnen Armen fehlt doch ein Wohlthäter, ein Tröster. In den Spitälern Frankreichs rechnet jeder Kranke auf die Schwester, die ihn pflegt, als ob er der einzige Gegenstand ihrer eifrigen Sorgen wäre.

Es ist demnach wahr, daß diese Ordenspersonen in den Spitälern eine Einrichtung bilden, welche Frankreich den ersten Rang auf einem der schönsten Gebiete verleihen, auf dem der Unterstützung der leidenden Menschheit.

Sie bieten zugleich das imposante Schauspiel der großen Wirkungen der Religion. Abgesehen von der Achtung, welche jene Personen erfüllt, die der Gegenstand ihrer Wohlthaten sind, wie muß nicht jeder Ungläubige oder Zweifler ergriffen werden, wenn er sieht, daß nur in der Religion die Seelenstärke und das warme Gefühl zu finden sei, welches zur Linderung der Uebel seiner Mitmenschen nothwendig ist. Das Schauspiel, welches in einem großen Theile Frankreichs die eifrigen Bemühungen von Ordensfrauen darbieten, die zur Unterstützung der Armen eilen oder die in den Spitälern dienen, ist das geeignetste, um der Religion in allen Classen der Bürger Achtung zu verschaffen.

Einige geistliche Genossenschaften weihen sich auch dem Dienste der Gefangenen; dieser Dienst muß ebenfalls als ein Zweig der Armenpflege betrachtet werden.

Sie theilen unter den Gefangenen jene Unterstützungen aus, welche ihnen die öffentliche Wohlthätigkeit anvertraut hat; ihre Güte bildet den tröstendsten Gegensatz zur unvermeidlichen Strenge der Wärter. Sie führen in die Gefängnisse ihre Ordnung, ihre Reinlichkeit, ihre Sparsamkeit ein.

Der unentgeltliche Unterricht. Der zweite Hauptgegenstand der geistlichen Congregationen, die gegenwärtig bestehen, ist der unentgeltliche Unterricht. Ohne Zweifel verdienen diese Verrichtungen im Vergleiche mit den Beschwerden, welche die Bedienung der Hospitäler bei Tag und Nacht mit sich bringt, nur den zweiten Rang; aber die Wichtigkeit dieser Verrichtungen und die Nothwendigkeit, diese Congregationen nicht nur aufrecht zu erhalten, sondern sie auch zu ermuthigen, ist nicht minder gewiß.

Wem es ausgemacht ist, daß der erste Unterricht religiöse Grundsätze zur Grundlage haben muß, der wird sich leicht überzeugen, daß auch in dieser Hinsicht, so wie in der Pflege der armen Kranken, die geistlichen Genossenschaften nicht nur besser entsprechen, sei es für die männliche oder für die weibliche Jugend, sondern daß dieselben geradezu als unerläßlich betrachtet werden müssen.

Bei ihnen entfällt die Besoldung und die Versorgung so vieler Familien von Lehrern und Lehrerinen, womit der Staat belastet ist; sie sind Menschen, denen ihre religiösen Grundsätze zur Pflicht machen, sich mit dem Allernothwendigsten zu begnügen, ihre Bedürfnisse im gemeinschaftlichen Leben sind äußerst gering; ja, sie werden bald der Gegenstand der öffentlichen Zuneigung und Freigebigkeit, die zusammenwirken, um diese nützlichen Anstalten zu gründen und zu erhalten.

Was die Fähigkeit der Mitglieder anbelangt, so verdankt man auch sie dem religiösen Eifer. Sie überwachen sich gegenseitig und kommen einander zu Hilfe, um sich zu bilden und für den Lehrstand tauglich zu machen.

Man darf nicht vergessen, in diese große Institution der geistlichen Genossenschaften jene Art des unentgeltlichen Unterrichtes einzureihen, den jene Ordensperſonen ertheilen, die es ſich zur Aufgabe machen, Mädchen, welche ſich einem ſittenloſen Lebenswandel hingegeben haben, wieder zur guten Sitte zurückzuführen.

Der Mangel an Unterricht in den erſten Jahren iſt eine der vorzüglichſten Urſachen dieſer Verwilderung. Nur der Unterricht, der ihnen die Grundbegriffe der Religion und Sittlichkeit beibringt, kann, in Vereinigung mit Arbeiten, die für ihr Geſchlecht geeignet ſind, dieſe weiblichen Weſen wieder zur Tugend zurückführen und ſie den Abgrund des Elends erkennen laſſen, in dem ihre Zügelloſigkeit bald ihr Leben geendet haben würde."

Dieſe religiöſen Congregationen hatten ſeitdem in Frankreich einen großen Aufſchwung genommen, beſonders unter der Regierung Napoleon III. Das Jahr 1852 allein ſah mehr ſolche Anſtalten entſtehen als die ganze Regierungszeit Louis Philipp's. Die geſetzliche Sicherheit, welche dieſe Congregationen nun wieder genoſſen, flößte das Vertrauen und den Muth ein, ſolche Anſtalten zu gründen.

Hat alſo die Aufhebung der geiſtlichen Orden in Frankreich durch die Revolution ſich als verſtändig, als nützlich für den Staat und die Menſchheit bewährt oder hat die Erfahrung etwa das Gegentheil gezeigt?

Wir können hier noch eine andere unverdächtige Zeugin anführen, welche aus eigener Erfahrung von der Nützlichkeit der katholiſchen Orden der Barmherzigkeit ganz durchdrungen iſt.

Es iſt dieß eine in mehrfacher Beziehung ausgezeichnete Frau, Madame Jameſon, Engländerin und Proteſtantin, welche eine Reihe von Conferenzen über die ſociale Aufgabe der Frauen und über die Nothwendigkeit veröffentlicht hat, die Bemühungen beider Geſchlechter um die Linderung der menſchlichen Leiden zu vereinigen.*) Sie hat die vorzüglichſten Anſtalten der geiſtlichen Genoſſenſchaften in den katholiſchen Ländern Europa's beſucht, um ihre Grundſätze und Einrichtungen kennen zu lernen und ſie ſteht nicht an, dieſelben

---

*) Sisters of charity catholic and protestant, abroad and at home. (Die katholiſchen und proteſtantiſchen barmherzigen Schweſtern im Ausland und Inland.) London 1855. — The communion of labour, a second lecture on the social employment of women. (Die Vereinigung der Arbeit: Lecture über die Aufgabe der Frauen in der Geſellſchaft.) London 1856.

ihren Landsleuten als Muster hinzustellen. Einige Stellen aus ihren Schriften mögen zur Vertheidigung unserer Sache hier ihren Platz finden.

Sie schildert in lebhaften Farben den traurigen Zustand der Spitäler und Arbeitshäuser in England, welche bezahlten Händen anvertraut sind.

„Tretet ein," so schreibt sie, „in dieses geräumige Spital, das mit allen guten Einrichtungen versehen ist, welche Reichthum, Kunst und Wissenschaft vereinigen und erfinden können, um den Kranken Linderung zu verschaffen; bewundert diese blanken Fußböden, diese reine Wäsche, diese so bequemen Betten! Der Dienst ist den berühmtesten Aerzten und Chirurgen anvertraut, die Studierenden eilen aus allen Theilen Englands herbei, um ihren Vorträgen beizuwohnen; die Anstalt bildet eine unserer besten medicinischen Schulen. Tretet in einen der Säle, sehet da dieses arme Mädchen, blaß und abgemagert, das an einer langsamen Auszehrung abstirbt; eilf Monate schon liegt sie auf ihrem Schmerzenslager; der Caplan besucht sie ein- oder zweimal in der Woche, wenn die Reihe an sie kömmt, denn er muß seine Sorge zwischen beinahe fünfhundert Kranken theilen. Der Arzt, wenn er seinen Rundgang macht, richtet nebst den gewohnten Fragen einige Worte der Theilnahme an sie; dann, sich zu seiner Begleitung wendend, drückt er fast laut sein Erstaunen darüber aus, daß er sie noch am Leben findet. Die Wärterin reicht ihr pünktlich die vorgeschriebenen Arzneien und leistet ihr alle Hilfe, die ihr Dienst befiehlt, denn sie weiß, daß jede Nachlässigkeit hierin ihre Entlassung herbeiführen kann. Aber braucht es denn nichts weiter? Ist nicht auch noch für andere Bedürfnisse vorgesehen? Die Kranke hat vielleicht zu ihrem Gebrauche einige religiöse Abhandlungen, deren Eintönigkeit ihre Traurigkeit und Niedergeschlagenheit nur vermehren kann. Aber der freie Verkehr zwischen Seele und Seele, die zarte, menschliche, mitfühlende Liebe, diese guten Worte, dieser milde Blick, die die niedergebeugte Seele wieder aufrichten, wo sind sie? Es ist keine hinreichende Antwort, wenn man sich auf einige einzelne und individuelle Fälle beruft, wenn man ein oder zwei Spitäler anführt, wo liebevolle Frauen aus höherem Stande den Eintritt erhalten haben, wo die wohlwollende Einsicht und die administrative Geschicklichkeit der Directorin (matron) auf Augenblicke einen belebenden Einfluß ausübt. Dieß sind hier Ausnahmen und bis nicht weitergehende und höher stehende Grundsätze für die Handlungsweise allgemein angenommen sind, werden diese Ausnahmen immer nur bloße Zufälle in einem mechanischen Systeme bleiben, wo ausschließlich die Ideen der Ordnung und der Disciplin vorherrschen.

In mehreren Zuschriften, die an mich gerichtet wurden, beschreibt man bis in's Kleinste die meisten unserer öffentlichen Wohlthätigkeitsanstalten und man kann daraus schließen, daß sie ganz vollkommen sein würden, wenn man den Angestellten noch einige einsichtsvolle, liebevolle und hingebende Frauen beigeben würde, die vorzüglich in religiöser und moralischer Hinsicht für die Armen und Kranken zu sorgen hätten. Die gewissenhaftesten Verwalter behandeln in den meisten Fällen diese Unglücklichen so, als ob sie kein Herz hätten, das getröstet werden, keine Seele, die gerettet werden soll. Die besoldeten Aufseher gehören im Allgemeinen einer nicht viel höher stehenden Classe an, als die der Armen ist, welche ihrer Obhut anvertraut sind; sie sind eben so unwissend, eben so elend, eben so herabgekommen wie diese und durchaus ungeeignet, irgend eine Autorität auszuüben. Unter diesen ungünstigen Umständen, kann hier das Alter, das in diesen traurigen Zufluchtsstätten den Kelch des Unglücks bis zur Hefe leert, hoffen, Mitleid und Achtung zu finden? Die Kinder, von ihren natürlichen Müttern verlassen, werden sie hier diese Zärtlichkeit, diese Freiheit, diese Munterkeit finden, die sie allein für ihre Verlassenheit entschädigen könnte?

Kann man einen Augenblick daran zweifeln, daß diese Art von Scheidung zwischen dem administrativen Elemente und dem Elemente der Liebe, daß dieses Vorherrschen der Routine über die christliche Liebe ganz bestimmt einen harten, kalten, grausamen Mechanismus hervorrufen muß? Ist das hier nicht die nothwendige Folge, unvermeidlich bei einer Leitung, wo die männliche Energie nicht vereinigt ist mit dem weiblichen Mitgefühle und nicht durch diese gemildert? Die Männer, welche der Leitung dieser Asyle des Elendes und des Schmerzes vorstehen, fürchten und wehren jedes Eindringen ab, das ihre sogenannte eingeführte Ordnung stören könnte; sie fürchten besonders die natürlichen Triebe des Weibes, die, wenn sie schlecht geleitet und belehrt sind, wirklich Uebles stiften können; aber ist dies ein hinreichender Grund, sie vollständig von dem Gebiete der Liebeswerke auszuschließen? Und das Gute, das erleuchtete, edelmüthige und hingebende Personen dieses Geschlechtes wirken könnten, würde es nicht weitaus einige Verstöße ausgleichen, denen man etwa bisweilen in ihren Dienstleistungen begegnen würde?" *)

An einer späteren Stelle kommt dieselbe Verfasserin auf eine Art Enquête zu sprechen, welche sich mit den Vorbereitungen zur Einführung der barmherzigen Schwestern in England, ähnlich

---

*) Sisters of charity, p. VI.

denen in katholischen Ländern beschäftigte. Bei dieser Gelegenheit schreibt sie:

„Die Zeugnisse, welche wir gesammelt haben, sind wirklich beweinenswerth. Trunksucht, Unsittlichkeit, Heftigkeit des Charakters, gemeine und brutale Sprache, die erniedrigendsten Laster sind allgemein unter den Weibern, die in unseren Spitälern und Arbeitshäusern angestellt sind. Es gibt gewiß auch bewundernswerthe Ausnahmen, insbesondere in unseren großen Spitälern von London, und die Dienste, welche die im Spital von Middlesex angestellten Wärterinen während der letzten Cholera-Epidemie leisteten, haben eine gerechte Bewunderung erregt. Aber das entgegengesetzte Beispiel ist leider weit allgemeiner. Die Arbeit ist beschwerlich, die Pflichten sind anwidernd und die Entlohnung ist sehr gering, wenn man sie mit den geforderten Diensten vergleicht: sollen daher Frauen aus einer höheren Classe sich zur Mitwirkung herbeilassen, so müssen diese nothwendig von einem höheren Motive als dem des Gewinnes angetrieben werden. Um die Reizbarkeit leidender Wesen zu besänftigen, um Seelen, die unter der Schwere des Unglücks niedergebeugt sind, aufzurichten und zu ermuthigen, um zu trösten, zu stärken, ist Beurtheilungsgabe, Mitgefühl, Zartsinn nothwendig; ist der Geist der christlichen Liebe nothwendig." *)

Madame Jameson berichtet nun, was sie auf ihren Reisen in katholischen Ländern gefunden hat. Sie spendet den katholischen Ordensschwestern gleiches unparteiisches Lob, wie es ihnen schon im vorigen Jahrhunderte ihr Landsmann John Howard, welcher mehrere Reisen zur Besichtigung der Spitäler und Gefängnisse unternommen hatte, zu Theil werden ließ!**) So erzählt sie z. B. aus Wien, daß sie da in einem Spitale, das von Klosterfrauen besorgt und erhalten wurde, eine „unvergleichliche Ordnung, Reinlichkeit und Sorgfalt" gefunden habe; die Schwestern bereiteten selbst die Arzneien „mit einer Geschicklichkeit, Sorgfalt und Genauigkeit, wie man sie nur bei Frauen finden kann; die Arzneien welche sie an Arme vertheilten, begleiteten sie mit gütigen Worten, Rathschlägen und Empfehlungen, die ohne Zweifel die Wirksamkeit der Heilmittel vermehren mußten."***) Sie schreibt ferner von einer

---

*) Sisters of charity, p. 84.

**) État de prisons, des hôpitaux et des maisons de force, traduit de l'anglais; Paris, Lagrange; 1788; 2 Bände in 8°.

***) Sisters of charity, p. 29.

Anstalt in derselben Stadt, welche barmherzige Schwestern mit geringen Mitteln begonnen hatten. Als sie dieselbe besuchte, befand sich daselbst ein Spital mit einundsechzig Betten, eine Krippe, eine Mädchenschule und eine Armenapotheke; „alle diese verschiedenen Dienstleistungen gingen mit Regelmäßigkeit vor sich, alles war reinlich, belebt, lachend; die Schwestern vervielfältigten sich, um allen Bedürfnissen zu genügen.

„Es befanden sich da die verschiedenen Elemente, welche die Bevölkerung unserer Arbeitshäuser in England ausmachen: aber welcher Unterschied in dem Geiste, der hier herrschte, in der Sorgfalt, deren Gegenstand die Armen waren!" *)

Sie erwähnt auch der Strafanstalt zu Neudorf bei Wien, welche den Frauen vom guten Hirten anvertraut worden war und ihres günstigen Erfolges. — „In dem Gespräche," schreibt sie, „das ich über diesen Gegenstand mit dem Regierungsbeamten führte, konnte ich mich überzeugen, daß dieser Erfolg vor Allem der Haushaltung der Schwestern und ihrem wohlthätigen Einflusse zu danken sei, den sie auf die Sittlichkeit der Gefangenen ausüben." Sie schreibt dann über den Ursprung und die Fortentwicklung der Anstalt von Neudorf.**) Sie enthielt zur Zeit ihres Besuches zweihundert Sträflinge, die man aus den schlechtesten und ungefügigsten ausgewählt und in Ketten in das neue Gefängniß überführt hatte.

„Um diese Masse von gewaltthätigen und verderbten Geschöpfen zu leiten und in Zucht zu halten, befanden sich hier zwölf Klosterfrauen, unterstützt von drei Seelsorgern, einem Arzte und einem Chirurgen. Die Soldaten und Wachmänner, welche Anfangs beigegeben worden waren, um allenfalls Zwangshilfe zu leisten, waren entlassen worden. Alles ruhte also auf einigen schwachen Frauen und nichts konnte der Würde, der Verständigkeit, der Geduld und der heiligen Liebe gleichkommen, welche dieses kleine auserlesene Corps beseelte.

„Der Unterschied, der sich in dem Aeußern und der Aufführung der Verbrecherinen vom Augenblicke ihrer Ankunft bis nach einer gewissen Zeit des Aufenthaltes im Gefängnisse zeigte, war wirklich außerordentlich. Als ich der Oberin mein Erstaunen über diese Umwandlung

---

*) Communion of labour, p. 34.

**) Communion of labour, p. 59. et suiv.

ausdrückte, welche einige Schwestern in so kurzer Zeit bei diesen Unglücklichen, dem Auswurfe ihres Geschlechtes, bewirkt hatten, antwortete sie mir einfach: „Wenn wir einen Beistand nothwendig hätten, so würde er uns nicht fehlen; aber Dank den Mitteln der Güte, welche wir anwenden, ist es uns eben so leicht zweihundert weibliche Personen zu leiten, als hundert oder fünfzig. Die Macht, die wir in dieser Hinsicht besitzen, kommt nicht aus uns, sondern sie ist uns von Oben gegeben." — Es ist gewiß, daß sie ein großes Vertrauen auf diese höhere Macht hatte und die feste Ueberzeugung, daß mit diesem Glauben Alles möglich sei."

Dieselben Lobsprüche spendet Madame Jameson den barmherzigen Schwestern des heiligen Vincenz von Paul. Nach einem geschichtlichen Ueberblicke,*) der uns belehrt, daß diese Schwestern schon in den Feldzügen Frankreichs 1652 und 1658, also kurz nach ihrem Entstehen, in den Militärspitälern und auf dem Schlachtfelde verwendet wurden, daß sie 1672 zur Zeit der Pest nach Warschau berufen wurden und durch diese Gelegenheit auch in das östliche Europa ihren Weg fanden, daß in Frankreich, als kaum einige Ordnung nach der Schreckenszeit der Revolution herbeigeführt worden war, Militär- und Seebehörden sich beeilten, diese Schwestern wieder zurückzurufen, und ihre Wiederkehr in den Spitälern mit Freudengeschrei und selbst mit Thränen begrüßt wurde, legt sie folgendes Zeugniß ab:

„Die Zahl der barmherzigen Schwestern kann auf mehr als zwölftausend geschätzt werden; sie sind ausgebreitet über die ganze Erde, und sie haben den Schein, als ob ihnen eine wunderbare Gabe der Allgegenwart eigen wäre. Ich selbst habe sie gefunden nicht nur zu Paris, zu Wien, zu Mailand, zu Turin, zu Genua, sondern selbst zu Montreal, zu Quebek, zu Detroit. Gleich wahren Pionnieren findet man sie bis zu den äußersten Grenzen der Civilisation; sie erscheinen überall, wo es ein großes Unglück zu lindern gibt; sie haben den Todeskampf Irlands versüßt, als es gegen Hunger und Cholera kämpfte. Ueberall mit ihrer gleichen Tracht und mit einer gewissen Aehnlichkeit in dem sanften und ruhigen Ausdrucke ihrer Physiognomien und in ihrem ruhigen Gange gleichen sie einander so sehr, daß ich, so oft ich ihnen begegnete, immer ein und dieselbe Person, in's Unendliche vervielfältigt, zu sehen glaubte. Bei allen barmherzigen Schwestern fand ich fast ohne Ausnahme dieselbe Mischung von Kühn-

---

*) Sisters of charity, p. 38 et suiv.

heit und Zartheit, ein Ergebniß, wenn nicht der Natur, so doch wenigstens einer Art allgemeiner Gewohnheit, so wie auch in ihrem Wesen eine gewisse Ruhe und Befriedigung, die nicht aus Eigenliebe und Stolz, aber wohl aus dem Gefühle der persönlichen Entsagung entspringt, welche diese Ordensfrauen sich zur Lebensregel gemacht haben."

Sie spricht ihre Theilnahme für die Bemühungen der Piemontesen um politische und religiöse Unabhängigkeit aus, aber sie gibt auch den Wunsch zu erkennen, daß die Reform im Geiste des wahren Fortschrittes und nicht im Geiste einer blinden Zerstörungssucht zu Stande komme.

Auch in diesem Lande erhoben sich die Vorurtheile überspannter Menschen gegen die geistlichen Orden der Barmherzigkeit und verlangten ihre Aufhebung, doch das heldenmüthige Anerbieten von zweiundsechzig Schwestern, die piemontesische Armee in den Orient zu begleiten, erweckte im Volke „eine Bewunderung und eine Begeisterung, welche der niedrigen und engherzigen Opposition einiger blinder und unwissender Menschen Schweigen auferlegte." *) Sie führt dann als Gegenstück eines der vorzüglichsten Spitäler Turin's an, wo keine Ordenspersonen in Verwendung waren.

„Da war Alles kalt, schweigsam, eintönig. Zwei oder drei Dienerinen waren damit beschäftiget, zu reinigen und aufzuräumen, im Saale der Reconvalescentinen war die Mehrzahl der Wärterinen mit Kartenspielen beschäftigt; da waren nicht diese munteren und wohlwollenden Gestalten, man hörte nicht diese sanften Stimmen, man sah nicht dieses beständige Umhergehen thätiger und eifriger Frauen. Ich verließ auch diesen Ort mit einem Gefühle tiefer Schwermuth, welche die Personen theilten, die mich begleiteten. Eine derselben, ein ausgezeichneter Arzt, gestand mir offen, daß da ein wesentliches Element, die Gegenwart und der Einfluß der Ordensschwestern fehle.

„Einer der Directoren des großen Militärspitales zu Turin erklärte mir, daß er es als eine der verdienstlichsten Handlungen seines Lebens betrachte, daß er die Einführung der barmherzigen Schwestern in diese Anstalt empfohlen und unterstützt habe. Bevor diese zugelassen waren, wurden die kranken Soldaten von Wärtern gepflegt, die man aus der Caserne geschickt und meistens aus Jenen ausgewählt hatte, die zu jedem andern Dienste für untauglich gehalten wurden. Die strammste Disciplin war nothwendig, um nur einen

---

*) Communion of labour, p. 38 et suiv.

Schein der Ordnung unter ihnen aufrecht zu erhalten; die Unreinlichkeit, die Nachlässigkeit, die Unsittlichkeit hatten einen entsetzlichen Grad erreicht. Dessenungeachtet widerstand die Militär- und Medicinalbehörde jeder Aenderung, bis die Cholera in diese Anstalt ihren Einzug hielt: bei dem Anblick dieser Geißel verweigerten die Wärter, von Entsetzen ergriffen, den Dienst. In diesem Augenblicke der Verwirrung und des allgemeinen Schreckens entschloß man sich endlich, die barmherzigen Schwestern herbeizurufen. Von da an änderte Alles sein Aussehen; die Reinlichkeit, eine eifrige Pflege, die Bequemlichkeit ließen allsogleich die alte Unordnung vergessen. Es vergeht kein Tag, setzte dieser Mann hinzu, an dem ich nicht Gott wegen dieser Aenderung preise, deren geringes Werkzeug zu sein ich das Glück hatte.

„Aehnliche Nachrichten erhielt ich bezüglich der Reform, welche im Marinespital zu Genua eingeführt wurde, das ich nicht zu besuchen Gelegenheit hatte."

In Piemont werden, wie in Oesterreich, Frankreich, Belgien und andern Ländern Italiens Ordensschwestern zur Ueberwachung weiblicher Sträflinge in den Gefängnissen verwendet. Madame Jameson hielt es für ihre Pflicht, ihr Wirken in diesem Fache zu studieren und sie läßt ihnen in glänzender Weise Gerechtigkeit widerfahren. Sie führt hiezu eine Stelle aus dem Generalberichte an den Minister des Innern über den Zustand der Gefängnisse in Sardinien an:

„Es ist eine unbestreitbare Thatsache, daß die Gefängnisse, welche von Ordensschwestern besorgt werden, die geordnetsten, die reinlichsten und diejenigen sind, welche die besten Erfolge erzielen. Es ist daher zu wünschen, daß diese Reform eine möglichst weite Ausdehnung finde, und es ist dieses um so nothwendiger, als dort, wo keine Schwestern sind, die weiblichen Gefangenen der Ueberwachung von Personen des andern Geschlechtes anvertraut sind, was nicht geduldet werden kann."

„Ich kann hier," setzt Madame Jameson hinzu, „mich auf das Zeugniß des Ministers selbst berufen, der in einer besondern Unterredung, die ich mit ihm hatte, sich so äußerte: „Wir haben nicht nur die Vortheile der Verwendung von Ordensschwestern in Gefängnissen in dem, was die Details der Bedienung, die Zubereitung und Austheilung der Speisen, die Besorgung der Arzneien und der Kranken angeht, erkannt, sondern wir haben uns auch von dem heilsamen Einfluß auf den Geist und den Charakter der Gefangenen überzeugt; sie sind das wirksamste Hilfsmittel zur Besserung dieser Unglücklichen in vielen Fällen und selbst bei Jenen, bei denen ihnen die Bekehrung nicht gelingt, streuen sie doch wenigstens einigen guten Samen aus, der später noch Frucht bringen kann. Aus diesem Grunde, unter andern, ermuthigen wir sie auf jede Weise."

Madame Jameson hatte eine Art Enquête über die Leitung der Arbeitshäuser (work-houses) in England eingeführt; auch da führt sie die gleiche Klage über die Untauglichkeit und Verderbtheit der bezahlten Aufseherinnen und ruft nach tauglicheren, hingebenderen, höher denkenden Personen; sie erzählt die Bemühungen, welche zu diesem Zwecke gemacht wurden und bedauert ihren Mißerfolg.

Schon im Jahre 1825 hatte Doctor Gooch, einer der berühmtesten Aerzte Englands, nachdem er mit vielen Lobsprüchen die vortrefflichen Eigenschaften der barmherzigen Schwestern in Frankreich und Belgien beschrieben hatte, vorgeschlagen, dieses Beispiel in den protestantischen Ländern nachzuahmen durch Gründung protestantischer barmherziger Schwestern. Wir werden später sehen, wie dieser Wunsch theilweise in Erfüllung gegangen ist.

Ein neuer Umstand kam dieser Bewegung zu Hilfe. Man erinnert sich wohl an die Aufopferung der Miß Nightingale und anderer englischer Damen, die während des Krimmkrieges sich freiwillig anboten, in den Orient zu gehen, um dort die kranken und verwundeten Engländer in den Spitälern zu pflegen. Sie brauchte eine Anzahl von Gehilfinen, um diese großherzige Unternehmung auszuführen; das war aber eben die große Schwierigkeit.

„Ich stand in Beziehung," schreibt Madame Jameson,*) „zu mehreren dieser Damen, welche beauftragt waren, besoldete Wärterinnen (nurses) aufzunehmen, die sie in den Orient begleiten sollten, und die vertraulichen Mittheilungen, welche sie mir hierüber machten, geben Zeugniß für eine wirklich bedauernswerthe Thatsache. Unter hundert weiblichen Personen, welche sich zu diesem Dienste antrugen, war es kaum möglich, zehn zu finden, welche die erforderlichen Eigenschaften in sich vereinigten, und mehr als die Hälfte der Angeworbenen wurde, als sie an dem Orte ihrer Bestimmung angelangt waren, als ungeeignet zu diesem Dienste erkannt oder mußten wegen ihrer schlechten Aufführung zurückgeschickt werden. Unwissenheit, Ungeschicklichkeit, langsame Fassungskraft wegen Mangels an Uebung, Mangel an Urtheil oder Festigkeit, der sie unfähig machte, zu befehlen, Ungefügigkeit des Charakters, welcher sie ungeeignet machte, zu gehorchen, brachten die

---

*) Communion of labour. p. 112.

Personen zur Verzweiflung, welche die Aufgabe hatten, sie zu leiten. Ihre entwürdigenden Gewohnheiten ließen meistens nicht zu, daß man sie in die Krankensäle eintreten lassen konnte. Dem Trunke und andern Arten von Ausschweifungen ergeben, konnten sie nur diese Damen in ihrer Eigenschaft als Engländerinen und Christinen um alle Achtung in den Augen der Ausländer und Ungläubigen bringen. Dieß ereignete sich bei zwei Drittel dieser Miethlinge und bei der Mehrzahl der Soldatenweiber, die man für denselben Dienst angeworben hatte."

Die Verfasserin fügte später hinzu: „Während die meisten unserer freiwilligen (volontaires) Damen, indem sie einer Krankheit unterlagen oder von den Beschwerden eines Dienstes erschöpft wurden, an den sie nicht gewohnt waren, sich gezwungen sahen, in ihre Heimat zurückzukehren; während die besoldeten Wärterinen krank dahin fielen oder als unverwendbar zurückblieben in Folge ihrer Unwissenheit, ihrer Zuchtlosigkeit und Unsittlichkeit und mit Schande entlassen wurden, harrten im Gegentheile die barmherzigen Schwestern, an diese beschwerliche Arbeit gewohnt, mit einem Geist der Ordnung und mit einer Thatkraft aus, die aus den Verlegenheiten nur neue Kraft zu schöpfen schien, immer ruhig, geduldig, ergeben, voll Geschicklichkeit sich zu helfen, überwanden sie die größten Schwierigkeiten mit immer heiterem Gemüthe; eine Ueberlegenheit, die sie gewiß einer vorausgegangenen Lehrzeit und erworbenen Erfahrung verdankten, welche ihren protestantischen Mitarbeiterinen wesentlich fehlten, während es ihnen an Einsicht, an Wohlwollen und Eifer gewiß nicht gebrach."

Zweihundertneun Schwestern wurden nach und nach in den Orient geschickt; dreißig von ihnen starben als Opfer ihres Eifers.

Eine jener englischen Damen, welche sich mit Miß Nightingale zu diesem Zwecke verbunden hatte, veröffentlichte eine Schrift, *) in der wir das Urtheil der Madame Jameson bestätigt und zugleich einen neuen Tribut der Huldigung gegen die barmherzigen Schwestern finden. Sie sagt von denselben, daß es nicht zu verwundern ist, daß sie von den Franzosen geliebt und geachtet werden, denn „sie verdienen es tausendmal." Sie schildert die Verlegenheit ihrer Gefährtinen, in Constantinopel sich das Nöthigste für die Bedürfnisse ihres Spitals zu verschaffen und erzählt, daß sie nur durch die Gefälligkeit einer barmherzigen Schwester, welche schon mehrere

---

*) Eastern hospitals and english nurses. (Die Spitäler im Orient und die englischen Krankenwärterinnen.) In's Französische übertragen unter dem Titel: les Hôpitaux de Koulati, par M. F. Chov; Lille, Lefort, 1858.

Jahre im Orient verweilt hatte, gut türkisch sprach und die besten Kaufläden in Constantinopel kannte, aus dieser Verlegenheit befreit wurden. Dieselbe hatte sich selbst angetragen, ihnen ihre Commissionen zu besorgen oder sie bei der Besorgung derselben zu begleiten.

„In der französischen Armee," schreibt sie weiter, „herrscht eine große Dankbarkeit, eine große Liebe für die Schwestern; und sie verdienen es wohl, denn sie sind der Fahne ihrer Nation überall hingefolgt, wo die Franzosen gekämpft und ihr Blut vergossen haben. Wo immer auch Frankreichs Kinder auf dem Schmerzenslager schmachten, fern vom Vaterlande, fern von ihren Freunden, haben sie doch bei sich eine Trösterin, eine wohl bekannte Gestalt, gebeugt über ihr Lager, die barmherzige Schwester!"

Diese Dame kommt an einer andern Stelle ihrer Schrift zu dem Ausrufe: „Das ist der geistliche Orden, der selbst einem ungläubigen Voltaire das Wort abnöthigte, daß, wenn irgend etwas im Stande wäre, ihn zu einem gläubigen Christen zu machen, es die Hingebung der barmherzigen Schwestern wäre."

Wohl vertraut mit den Erfordernissen der Krankenpflege, hebt sie an den barmherzigen Schwestern noch hervor die Einheit ihres Wirkens; das Ergebniß einer gleichen Schulung, welche den Vortheil bringt, daß jede Schwester augenblicklich das Werk ihrer Vorgängerin fortsetzen kann, wenn diese abberufen werden müßte; ferner ihre Uebung, die durch keine Aufgabe in Verlegenheit gesetzt werden konnte, ihre Gewöhnung an ein abgetödtetes Leben, das sie tauglich macht, die größten Beschwerden zu ertragen, ihre Gewöhnung an den Gehorsam, die es möglich macht, daß sie auch die härtesten Anordnungen der Aerzte befolgen. Und endlich kommt sie zu dem Schlusse:

„Die Verwendung der Frauen zu dieser Aufgabe ist sehr warm empfohlen worden. Was ich über ihre Wirkung im Orient gesagt habe, ist hier anwendbar und ich bleibe bei der Ueberzeugung, daß dieses System auf keiner soliden Grundlage ruht. Dieses Geschäft können keine Frauen besorgen, welche durch Familienbande gebunden sind; es kann nur gut besorgt werden von Frauen, die eine langjährige Vorbereitung genossen haben, die die Freuden und Güter der Welt verlassen können, um sich den Unglücklichen zu widmen, die täglich bereit sind, Leib und Leben zum Opfer zu bringen, und die in diesem Opfer ihre Freude und ihren Trost finden und nur ein einziges

Verlangen haben, Dem nachzufolgen, der „gekommen ist, nicht um bedient zu werden, sondern um zu dienen." *)

Doch wundert es uns, von Protestanten solche Lobsprüche der katholischen Ordensschwestern zu vernehmen, wenn selbst Mohammedaner sich für dieselben begeistern?

Ein Muselmann vom niederen Stande war zum Tode verurtheilt worden wegen eines Verbrechens, das bei uns als kein schweres gelten würde, das aber die bisweilen etwas summarische Justiz in der Türkei mit der höchsten Strafe belegte. Dieser Unglückliche war Vater von acht Kindern. Dieses erfuhren die barmherzigen Schwestern zu Constantinopel und ihr mitleidiges Herz wurde auf's Tiefste gerührt. „Dieser Mann kann nicht zu Grunde gehen, er muß gerettet werden," so rufen alle aus einem Munde. Aber wie! Ein Schritt beim Sultan schien der kürzeste und sicherste Weg. Um eine Audienz bitten, heißt es; dieses ist das einzige Mittel. Und zwei Schwestern begeben sich zum Palaste, wo ihre Gegenwart kein geringes Aufsehen machte. Die Bitte um die Audienz begegnete vielen Schwierigkeiten, doch ihre Beharrlichkeit siegte. Die Schwestern wurden endlich beim Sultan eingeführt, der sie mit Wohlwollen empfing. Abdul Medjid war ein Mann, bei dem Gefälligkeit der Manieren sich mit Würde vereinigte. Die Ordensfrauen trugen den Gegenstand ihrer Bitte dem Sultan vor, der sie freundlich und lächelnd anhörte.

„Die Begnadigung ist gewährt," sagte er; „kann ich dem heiligen Eifer es verweigern, der euch solche Gedanken einflößt? Das ist jene schöne Religion, welche, o heilige Frauen, eine Hingebung verleiht, wie die eure ist. Ihr macht, daß man dieses edelmüthige Frankreich lieben und glücklich preisen muß. Folget diesem Officiere (und der Sultan wies auf ihn hin), er wird euch zum Gefängniß führen; ihr sollet die Freude haben, mit eigenen Händen euren Schützling zu befreien, und ihn seiner Familie wieder zu geben."

Und als sie sich zurückgezogen, gerührt und versuchend Dankesworte auszusprechen, fügte er hinzu: „Vergesset nicht den Weg

---

*) Matth. 20, 28.

zu diesem Palaste. So oft ihr etwas zu bitten habt, fürchtet euch nicht, alle Thüren werden euch geöffnet werden, euch, den Engeln der Barmherzigkeit!"

Der Kaiser sprach mit diesen Worten die Gesinnungen der Armee und der ganzen Nation aus. Man begehrte die Schwestern für eine ottomanische Ambulance. Bei ihrem Eintritt fühlte sich Alles ergriffen von Freude und Ehrfurcht; ein Soldat, der sich der Oberin nähert, ergreift das Crucifix, das an ihrem Gürtel hängt und sagt: „O laß mich deinen Mohammed küssen!" Zu Beyrouth übt eine Schwester, Gelasia mit Namen, einen solchen Einfluß auf alle Gemüther aus, daß der Pascha sich für verpflichtet hielt, ihr die Leitung eines Spitals zu übertragen. Ja, er geht so weit in dem Vertrauen, daß er ihr ausschließlich die Ueberwachung der Verurtheilten und der kranken Sträflinge überträgt. Diese kennen die Verantwortlichkeit der Schwester und es kam nicht Ein Beispiel vor, daß Einer aus ihnen durch einen Fluchtversuch sie bloßgestellt hätte. Sie übt eine so zauberhafte Gewalt aus, daß man alte Muselmänner gesehen hat, die sich, das doppelte Vorurtheil gegen das Weib und gegen die Christin vergessend, vor ihr auf der Gasse zum Zeichen der Verehrung niederknieten.

Auch die freien Amerikaner haben im letzten Bürgerkriege mit Staunen die Aufopferung der barmherzigen Schwestern gesehen und sind voll Bewunderung gegen sie. Der protestantische Generalmajor Butler, Commandant von Neu-Orleans, schrieb ihnen einen Brief voll des wärmsten Dankes und eröffnete ihnen einen unbeschränkten Credit bei seinen Lieferanten.

Wenn es dennoch Menschen gibt, welche ihre Feinde sind, so muß man wohl unwillkürlich zu ähnlichen Gedanken kommen, wie sie ein protestantischer Pastor im Folgenden ausspricht:

„Als wir im Jahre 1830 einige Departements von Frankreich besuchten, um dort die Wohlthätigkeitsanstalten zu studieren, beobachteten wir dort mit Rührung die Güte, die englische Milde der Schwestern, denen in den Spitälern die Pflege der Kranken anvertraut ist: Wir bewunderten noch mehr die heroische Aufopferung der Brüder vom heiligen Johann von Gott; wir werden nie den Eindruck vergessen, den das Zeugniß eines jungen Menschen aus dem Volke auf uns machte, den wir in der Nähe von Bourg um die Bestimmung eines großen Gebäudes fragten, welches wir unsern vom Wege sahen; er antwortete uns, dieses sei ein Spital der Brüder vom heiligen Johann von Gott; er setzte hinzu, daß er dieses Haus auch im Innern sehr gut kenne, denn er habe einige Jahre in demselben als Bäcker gedient; dann fieng er an, die Güte dieser Brüder zu preisen und uns von ihnen die rührendsten Züge zu erzählen, mit einer immer steigenden Wärme, die uns endlich bis zum Weinen brachte. Wir konnten uns mit diesem interessanten Berichte und mit Allem, was wir mit unseren eigenen Augen sahen, den Haß nicht zusammen reimen, dessen Zielscheibe, wie wir anderseits bemerkten, diese geistlichen Orden waren. Wir fragten dringend um die Gründe, aber aus den albernen oder rohen Antworten, die man uns auf unsere Fragen gab, ersahen wir, daß kein anderer Grund vorhanden war, als der Haß gegen die Religion, der so weit ging, daß er sich selbst bis auf die Wohlthaten erstreckte, welche dieselbe der Menschheit erweisen konnte .... Kann man jemals diese andauernden und zärtlichen Bemühungen, diese vollständige Hingabe ersetzen, deren nur eine Seele, die sich aus religiösen Gründen den Werken der Liebe widmet, fähig sein kann? Der Eifer von Miethlingen, kann er je so viel werth sein als jene Sorgfalt, die ihre Quelle in so mächtigen und reinen Beweggründen hat? Selbst, wenn sie in Rücksicht auf ihre Geschicklichkeit in Erfüllung ihrer Pflichten, bei der genauesten Ueberwachung, in der materiellen Pflege der Kranken nichts zu wünschen übrig ließen, so ist doch die Moral nicht ihr Gebiet; und doch haben die moralischen Zusprüche eine große Macht, dem Leidenden Linderung zu verschaffen. Diese Gründe werden im Allgemeinen so wohl erkannt, daß selbst im Canton Neuchatel, einem reformirten Lande, die Personen, welche das schöne Spital Pourtales einzurichten hatten, nach reiflicher Ueberlegung die Berufung katholischer Ordensschwestern beschlossen."

Die Protestanten haben übrigens, mit Aufgebung ihrer alten Vorurtheile, den katholischen geistlichen Genossenschaften die schönste Huldigung erwiesen, indem sie ihr Beispiel nachzuahmen versuchten.

Im Jahre 1833 legte Fliedner, Pastor zu Kaiserswerth, einer kleinen Stadt bei Düsseldorf, den Grund zu einer Anstalt, die seitdem zu einer bedeutenden Entwicklung gelangt ist. Ihre Anfänge waren sehr bescheiden: Fliedner beschränkte sich anfangs darauf, in seinem eigenen Hause einige entlassene weibliche Sträflinge zu vereinigen, zu welchem Zwecke er sich zwei oder drei freiwillige Gehilfinnen nahm. Allmählich gewann die Anstalt an Ausdehnung; man verband damit nach und nach ein Spital, ein Asyl für Geisteskranke, eine Kinderbewahranstalt und so wurde sie eine wahre Musterschule für Krankenwärterinen, Lehrerinen und Besucherinen der Armen. Das Spital hatte im Jahre 1854 hundertzwanzig Betten, welche durchgehends besetzt waren. Dieses ist der Hauptsitz der Einrichtung der Diaconissinen. Die Personen, welche aufgenommen werden wollen, und deren sind ziemlich viele, werden zuerst auf sechs Monate zur Probe angenommen; sie zahlen ein mäßiges Kostgeld und tragen keine besondere Kleidung. Die in ihrem Berufe ausharren, unterziehen sich einem Noviziat, ähnlich dem der katholischen Ordensschwestern mit der Dauer von ein bis drei Jahren. Wenn sie dann definitiv aufgenommen werden, bekommen sie das Kleid der Anstalt und erhalten Wohnung und Verpflegung unentgeltlich. Die männlichen Kranken werden durch Krankenwärter gepflegt, die im Spitale gebildet worden sind und unter der Leitung der Diaconissinen stehen. Diese Letzteren dürfen keinen zeitlichen Vortheil anstreben; sie dürfen sich keine Ersparnisse machen; die Anstalt sorgt für ihre Bedürfnisse und gewährt ihnen eine Zuflucht, wenn Krankheit, Alter oder Gebrechen sie hindern, ihren Dienst fortzusetzen.

Diese Anstalt machte auch Aufsehen nach Außen. Sie hat Filialen errichtet oder zur Errichtung ähnlicher Anstalten angeregt, in Berlin, in Dresden, in Utrecht, in Cleve, in St. Gallen, in St. Petersburg, in London, in Jerusalem, in Smyrna und in Pittsburg in Amerika. Im Jahre 1853 zählte sie hundertsechzehn Diaconissinen, fünfzig Novizinen und besorgte dreiundzwanzig Spitäler. Die Diaconissinen stehen unter einer Oberin, der sie zu genauem Gehorsam verpflichtet sind. Nur Witwen oder ledige Personen können als solche aufgenommen werden. Es ist dieses, wenigstens dem Aeußern nach, eine vollständige Nachahmung der katholischen Orden.

Amsterdam errichtete die Genossenschaft protestantischer Jungfrauen und Witwen, die unter dem Namen „Pleegzusters" bekannt ist. Auch die katholischen Männerorden versuchte man nachzuahmen.

Wieder ist es der unermüdliche Eifer des Pastors Fliedner, der 1844 zu Duisburg eine Anstalt der „protestantischen Brüder" gegründet hat, die aber bis heute noch keine große Ausdehnung erhalten zu haben scheint.

Mit mehr Erfolg wurde dieser Versuch in Norddeutschland erneuert. Wichern, der berühmte Gründer und unermüdliche Leiter des „Rauhen Hauses" zu Horn, nahe bei Hamburg, einer Anstalt für Sammlung und Besserung lasterhafter und verwahrloster Kinder, hat damit noch eine besondere Schule von Aufsehern und von Solchen, welche wieder Aufseher oder Familienhäupter für die Colonie bilden sollen und von Agenten für protestantische Werke der Wohlthätigkeit nach Außen verbunden.

Das Institut vom Rauhen Hause ist in Manchem ähnlich den barmherzigen Brüdern und den Schulbrüdern in den katholischen Ländern. Die Gesuche um Brüder, die man an dieselben richtet, sind zahlreich und die Brüder sind in mehreren Anstalten eingeführt worden, namentlich in den Besserungsschulen, die nach Art der Schule zu Horn eingerichtet sind. Auf Anordnung des Königs von Preußen sind sie auch mit dem Dienste in dem Zellengefängnisse zu Moabit in Berlin betraut.

In England hat man ebenfalls auf diesem Wege Versuche gemacht. Miß Sellon gründete zu Devonport bei London, und zu Bristol barmherzige Schwestern (Sisters of mercy), die übrigens mit den katholischen barmherzigen Schwestern nur den wohlthätigen Zweck gemeinsam haben.

Vorher schon hatte die achtungswürdige Mistreß Fry zu London die „nursing Sisters" gegründet, die aber mit ihrer Gründerin verschwunden zu sein scheinen.

Zu Paris hat im Jahre 1841 Pastor Vermeil ebenfalls ein Institut von Diaconissinen gegründet, mit dem ein Spital und eine Schule verbunden ist. Nach zwölf Jahren (1853) zählte die Körperschaft sechzehn Schwestern und achtundzwanzig Novizinen; 1854 aber nicht mehr als vierzehn Schwestern und zwölf Novizinen. Eine ähnliche Anstalt, 1836 zu Straßburg von Hörter errichtet, zählte um 1853 sechzig Mitglieder. Endlich gründete Pastor Germond eine Anstalt von protestantischen Schwestern zu Echallens und zu St. Loup, im Waadtlande. Eine andere Anstalt dieser Art besteht zu Riechen, in der deutschen Schweiz.

Alle diese Versuche sind ein Zeichen der Zeit. Sie beweisen, daß die Keime, welche die katholischen Genossenschaften gesäet haben, sich verbreitet haben, groß geworden sind und Frucht bringen auch in anderen christlichen Ländern. Die Protestanten haben sich eben so wie die Katholiken überzeugt, daß man zur Allmacht und Fruchtbarkeit des Princips der religiösen Vereinigung seine Zuflucht nehmen müsse, um gegen die Geißel des Elends und des Lasters anzukämpfen. Wenn die Congregationen, die der Katholicismus zur Linderung der menschlichen Leiden errichtet hat, noch einer Rechtfertigung und einer neuen feierlichen Anerkennung bedürften, so würden sie dieselbe darin finden, daß jene Länder sie jetzt entlehnen, in denen die Reformation mit der Zerstörung der alten Klöster begann.

Aber es bleibt doch immer noch ein großer Unterschied zwischen den protestantischen und katholischen religiösen Genossenschaften. Die katholische Religion behauptet hier entschieden ihre Ueberlegenheit. Wir können nicht unterlassen, zur Vertheidigung der katholischen Orden noch folgende Betrachtung des Vicomte Melun hieherzusetzen, der wohl Katholik ist, aber in seinem Vaterlande allgemein den Ruf eines unparteiischen Mannes genießt. Er schreibt:

„Miß Nightingale nimmt in der Dankbarkeit Englands einen höheren Platz ein als selbst seine tapfersten Generäle; die ganze Nation nannte mit Begeisterung ihren Namen und umgab sie mit einer Strahlenkrone, die nie erlöschen wird; sie hat mit Recht ihren Rang unter den Verehrtesten und Ausgezeichnetsten der Geschichte gefunden.

„Diese Tugend, allein dastehend, diese Heldenmüthigkeit, eine Ausnahme bildend, sie ist etwas gewöhnliches und noch viel vollkommener vorhanden in den geistlichen Orden. Wenn es nothwendig ist, bei den Betten unserer verwundeten Soldaten im Orient oder in den heißen Gegenden Mexico's dem Spitalfieber Trotz zu bieten, oder auf den Ruf unserer Missionäre die Entbehrungen und den langsamen Tod einer weiten Verbannung auf sich zu nehmen, da erheben sich für die einigen Schwestern, die man begehrt, Alle und verlangen nach der Ehre zu leiden und zu sterben für ihre Brüder und im Namen dessen, der für uns litt und starb. Auch sie sind noch jung: viele haben die schönsten Hoffnungen aufgegeben, um zum Vortheil Anderer Armuth, Arbeit und Tod zu wählen. Nach einem heroischen Feldzug kehren sie nicht in den Schooß ihrer Familie zurück, um eine so theuer erkaufte Ruhe, einen so wohl verdienten Ruhm zu genießen; so nur ruhen sie von einer Gefahr und einer Beschwerde aus, daß sie eine neue Beschwerde auf sich nehmen, einer Gefahr anderwärts sich aussetzen. Man jubelt ihnen nicht zu, man spricht keine Belohnungen von Seite der Nation für sie aus, man weiß nicht einmal ihre Namen. Sie haben die Welt so sehr an ihre Hingebung gewöhnt, daß man nicht mehr daran denkt, sie zu loben, als eine Mutter zu bewundern, die sich für ihre Kinder hingibt. *)

„Woher der Unterschied zwischen den beiden Ländern? Wie kommt es, daß, wenn man die Grenze überschreitet, die Ausnahme die Regel wird und das Außerordentliche die Gewohnheit? Es wäre eine ungerechte Anmaßung, dieses mit der Ueberlegenheit der einen Nation über die andere erklären zu wollen und alle katholischen Nationen hätten das Recht, gegen diesen Hochmuth zu protestiren.

„Gott hat keiner Nation dieses Privilegium einer überlegenen Liebe gegeben, aber er hat es seiner Kirche gegeben. Sie allein besitzt die Gnade, welche über die menschliche Natur erhebt, sie allein nährt ihre Kinder mit dem himmlischen Brode, welches die Seelen stark und heilig macht. Außerhalb der katholischen Kirche hätten die Heldinen der Liebe ohne Zweifel ein friedliches und ehrbares Leben geführt, hätten gerne den Armen Almosen gegeben, sie manchmal auch sogar besucht und ihnen die leichten Dienste gethan, wie sie ein gutes Herz und edelmüthige Antriebe eingeben. Vielleicht hätten ein oder zwei, wie Miß Nightingale, das Beispiel eines großherzigen und schweren Opfers gegeben. Der Katholicismus hat, indem er sie zu einem höheren Leben und auf eine höhere Stufe rief, sie von den Interessen und Freuden dieser Welt losgetrennt, um sie ausschließlich die rauhen Wege des Kreuzes zu führen. Indem er es bewirkt, daß sie das Leben der Entsagung leben, welches der Herr selbst geführt hat, indem er ihnen nach dem Beispiele des Herrn die Kleinen und Armen zu ihrer Familie und die ununterbrochene Uebung der Liebe als Standespflicht gibt, hat er ihnen diese übernatürliche Tugend eingeflößt, von der er allein das Geheimniß besitzt.

„Der Protestantismus hat trotz seiner lobenswürdigen Bemühungen, es nachzuahmen, die zweifelnde oder ungläubige Philosophie hat trotz des Aufwandes ihrer Philantropie, noch nicht auf die Aufforderung geantwortet, welche alle ihre Einwürfe zu Boden schlägt

---

*) „Eine barmherzige Schwester bewundern, krönen, selbst nur ihr Aufmerksamkeit zuwenden," sagte Fürst Broglie in der französischen Academie, „wäre gegen den Buchstaben wie gegen den Geist ihres Institutes; das ist die Ehre dieser frommen Töchter, daß alle Regeln, nach denen man gewöhnlich urtheilt, durch sie umgekehrt sind, daß die Ausnahme etwas Gewöhnliches wird, daß das Außerordentliche nicht mehr überrascht, und daß das Uebernatürliche unter ihren Händen zur Regelmäßigkeit der Natur wird."

und auf immer ihr Unvermögen kennzeichnet: Gebt uns ein Kloster barmherziger Schwestern."

So wichtig für unsere Zeit auch die Sorge für die Armen und Leidenden ist, so kann es doch gewiß Niemand leugnen, daß die Sorge für die geistige Seite des Menschen, für seine Belehrung und seine moralische Erziehung von noch größerer Wichtigkeit ist. Ja, die Gefahren, die aus dem Proletariat, aus der Armuth und dem Elende für die Gesellschaft hervorgehen, sind groß, aber gerade sie werden noch weit größer, wenn sich Unwissenheit oder falsches Wissen, wenn sich Mangel an aller religiösen und moralischen Erziehung hinzugesellt! Warum sind die Massen so furchtbar? Weil ihnen eben ein guter Unterricht und eine gute Erziehung fehlt! Der Unterricht auf richtiger Grundlage und die moralische Erziehung ist aber eben so gut ein wichtiges Bedürfniß auch für den andern Theil der Menschheit, auch für die Wohlhabenden und Höherstehenden.

Was wirken die geistlichen Orden nun auf diesem Gebiete? Entsprechen sie auch hier einem Bedürfnisse der Gesellschaft? Füllen sie auch hier eine Lücke aus?

Vorerst wird jeder Unparteiische zugeben müssen, daß diese Orden Vortheile besitzen, welche es ihnen möglich machen, das Amt der Belehrung und der Erziehung in vortrefflicher Weise zu versehen. Was die angeführten Zeugen aus der Regierungszeit Napoleon I. und aus den Protestanten an der Wirksamkeit der geistlichen Orden für Armen= und Krankenpflege besonders rühmend hervorgehoben haben, das findet wohl zum großen Theile seine Anwendung auch auf das Gebiet des Unterrichts und der Erziehung. Auch hier finden wir eine größere Wohlfeilheit und eine größere Sicherheit für das den Orden anvertraute Gut; das ist aber namentlich bei öffentlichen Erziehungsanstalten, Waisenhäusern und dergleichen ein gewichtiges Moment und könnte auch bei der Hebung des Volksschulwesens, die in Oesterreich angestrebt wird, die besten Dienste leisten, da ja so viele wohlgemeinte Vorschläge eben an der Unzulänglichkeit der materiellen Mittel scheitern. Bei den geistlichen Orden finden wir ferner eine größere Sicherheit treuer Pflichterfüllung, denn es ist derselbe Geist, der die barmherzige Schwester belebt, wenn sie alle Miethlinge in der Krankenpflege an Sorgfalt weit übertrifft und der den Ordensmann und die Ordensschwester in der Schule belebt; es ist der Geist der christlichen Liebe, die ja ganz vorzüglich eine innige Liebe zu den Kindern in sich schließt, der Geist der Selbstverleugnung und Geduld, der Geist der Verzichtleistung auf allen irdischen Vortheil, der Corpsgeist, der es als heiligste Pflicht ansieht, seiner Genossenschaft nicht an der Ehre zu schaden. Auch ist das Glied einer solchen Genossenschaft durch keine Familienbande gehindert, sich ganz seinem Berufe zu widmen, durch keine widrigen Familienereignisse mißgestimmt; stört kein Mißerfolg bei der Erziehung seiner eigenen Kinder den Erfolg bei den andern. Es ist hier die größere Sicherheit, daß dieser Geist sich auch immer gleich bleibe, nie erlahme, nie erlösche, denn er beruht auf religiösen Grundsätzen, auf einer heilig gehaltenen Ordensregel, die sich nicht ändern; daraus geht auch hervor, daß die Eltern mehr Vertrauen zu solchen Genossenschaften haben und ihnen mehr Macht über ihre Kinder einräumen, wodurch wieder Unterricht und Erziehung gewinnt, daß sich leichter Wohlthäter finden, welche solche Anstalten gründen, während sonst die Gründung einer Schule aus Privatmitteln eine wahre Seltenheit ist und überall der Staat und die Gemeinde jeden Kreuzer bezahlen muß.

Daraus geht hervor, daß auch die Kinder solchen Lehrern und Lehrerinen mit größerem Vertrauen entgegenkommen, inniger anhängen, ihre Lehren im Leben treuer bewahren und befolgen, lange schon der Schule entwachsen, an ihren einstigen geistlichen Lehrern und Erziehern eine Stütze finden. Wie muß namentlich die religiöse und moralische Erziehung gewinnen, wenn das Kind an seinem Lehrer und Erzieher ein Vorbild der Entsagung, des Gehorsams, der Reinheit sieht! Nur solche Lehrer und Erzieher sind zuletzt noch im Stande, das Herz eines verwahrlosten Kindes zu erweichen, seinen starren Sinn zu brechen, und ihn für die Zucht wieder zugänglich zu machen. (Das fühlt man auch allgemein; selbst Solche, die den Klöstern sonst nicht hold sind, ganz andere Grundsätze im Leben befolgen, nehmen, wenn sie sich mit ihren ungefügigen Kindern keinen andern Rath mehr wissen, zuletzt zum Kloster ihre Zuflucht.) In einer solchen geistlichen Genossenschaft erleidet der Unterricht keine Unterbrechung, denn immer ist der Nachwuchs zur Aushilfe da; man unterstützt sich da gegenseitig in brüderlicher und schwesterlicher Eintracht, da theilt man sich seine Erfahrungen mit und geht nach einem gemeinsamen Plane in der Erziehung vor, da bildet sich der Nachwuchs zum Lehr= und Erziehungsamte practisch aus, hat die besten Muster und Rathgeber zur Seite, und es kommen ihm die Traditionen und Erfahrungen des ganzen Ordens seit Jahrzehenten, seit Jahrhunderten zu Statten.

Wenn wir also auch nicht sagen können, außer diesen geistlichen Orden könne es gar keine guten Lehrer und Erzieherinen geben und weit davon entfernt sind, es sagen zu wollen, so muß doch, wie gesagt, jeder Unparteiische zugeben, daß sie große Vorzüge besitzen und daß, wenn Unterricht und Erziehung überhaupt ein Bedürfniß für die ganze Menschheit ist, solche Orden wahrhaft nützlich, und ein Segen für dieselben seien.

In vielen Fällen kommen sie aber auch einem wahren Bedürfnisse entgegen. Das ist besonders der Fall in den Armenschulen, bei der Erziehung der Waisen, Findelkinder und dergleichen, die den Ersatz für das verlorne Vater= und Mutterherz am vollständigsten wohl nur im Kloster finden und bei der Besserung verwahrloster Kinder!

Es beweist eine große Befangenheit des Urtheils, wenn Jemand sagt, eine nicht verheiratete Person könne keine wahre Liebe zu den Kindern haben. Solche Menschen scheinen von der Idee befangen zu sein, jede geistliche Person habe nur der Ehe entsagt, weil sie statt des Herzens einen Stein in der Brust habe! Die Geschichte kennen sie aber nicht, sonst müßten sie wissen, daß die Kirche mit ihren ehelos lebenden Priestern und Ordensleuten die größten Werke der Barmherzigkeit geübt habe und noch immer übe. Und gerade an Jenen zeigt sich die Macht der christlichen Liebe am glänzendsten, die sonst von Allen verlassen sind. Für diese sind die geistlichen Orden ein wahres Bedürfniß; ihnen ersetzen sie Vater und Mutter, durch diese werden sie noch nützliche Mitglieder der Gesellschaft.

Wir sind in der angenehmen Lage, auch für die Nützlichkeit und Vortrefflichkeit dieser Orden, die sich mit Unterricht und Erziehung beschäftigen, unverdächtige Zeugnisse anzuführen.

Das gewichtigste Zeugniß ist ohne Zweifel die Nachahmung, welche sie unter den Protestanten gefunden haben. Von den oben geschilderten protestantischen, den katholischen Orden nachgebildeten Genossenschaften werden ebenfalls Schulen, Waisenhäuser, Besserungsanstalten geleitet.

Glänzende Zeugnisse haben auf dem Gebiete der Erziehung und des Unterrichts vor Allem die Jesuiten aufzuweisen. So schreibt der protestantische Gelehrte Baco von Verulam:

„Was die Pädagogen anbelangt, so wäre es am Kürzesten, zu erklären: Nimm an den Schulen der Jesuiten ein Beispiel; denn es war noch nichts, was in Gebrauch gekommen ist, besser als diese. — Vor Allem billige ich die Erziehung in ihren Collegien. In denselben erzeugt sich unter den jüngeren Leuten ein größerer Wetteifer; da haben sie würdige Männer vor Augen, was Ehrfurcht erregt, und die zarten Gemüther schon nach einem Muster bildet."

Friedrich II. von Preußen, dieser Freigeist, gab den Jesuiten, als ihr Orden vom Papste aufgehoben wurde, das Zeugniß, daß er „nirgends bessere Priester gefunden habe, als die Jesuiten sind." In seinen Staaten durfte die Aufhebungsbulle gar nicht verkündet werden, denn er wollte diesen Orden beibehalten. Er schrieb damals an Voltaire:

„So sehr ich ein Ketzer und noch dazu ein Ungläubiger bin, fand ich doch für zweckmäßig, die Jesuiten beizubehalten und zwar aus sehr vernünftigen Gründen. Man findet nirgends gelehrtere Katholiken als unter den Jesuiten; die Jesuiten lieferten die Professoren überall, wo sie fehlten; man müßte also entweder alle Schulen eingehen lassen oder den Orden beibehalten, dessen Stiftungen die Unkosten bestreiten können, da sie im Gegentheile nicht im Stande sein würden auch nur die Hälfte der nicht aus dem Orden genommenen Professoren zu besolden."

Der Protestant Dallas, der ein eigenes Buch zur Vertheidigung des Jesuitenordens verfaßte*), schreibt in demselben über dessen Erziehungs- und Unterrichtssystem:

---

*) Ueber den Orden der Jesuiten, von R. C. Dallas, Esqu. Aus dem Englischen übersetzt, Düsseldorf 1820.

„Die Grundsätze, worauf das Erziehungssystem der Jesuiten beruhte und die Vorschriften, welche der Stifter des Ordens ihnen hinterließ, haben alle den Charakter einer tiefen Weisheit. Dieselben alle hier zu entwickeln ist unmöglich; aber das Wenige, was wir davon sagen werden, wird vollkommen beweisen, daß derselbe Alles umfaßte, nichts in demselben vergessen war......" *)

„Bei einem so weisen, tief durchdachten Plan, welchen ich den Lesern nur in seinem äußersten Umrisse mittheilte, mußte nothwendig eine ununterbrochene Reihe großer, in der Kirche, wie im Staate sich auszeichnender Männer aus diesen Schulen hervorgehen und man darf sich daher nicht wundern, daß die Erfahrung zweier Jahrhunderte Baco's Urtheil vollkommen bestätigt hat: Was die Pädagogen anbelangt u. s. w." **)

„Die Erfahrungen zweier Jahrhunderte haben das Erziehungsgebäude der Jesuiten mit ihrem untrüglichen Stempel bezeichnet; aber eben deswegen war es auch der Gegenstand, gegen welchen die verschworene Rotte aller Christusfeinde ihre wüthendsten Angriffe richteten; und wenn die Jesuiten als die ersten Opfer dieser Verfolgungswuth fielen, so geschah es nur deswegen, weil die über ganz Europa verbreiteten Schul- und Lehranstalten dieses Ordens die blühendsten Pflanzstätten des Christenthums waren. Hier ward der Glaube befestiget, der Eifer für die Verbreitung desselben entflammt, die Liebe entzündet und die Frömmigkeit genährt. Bei den Philosophen freilich war alles dieses nichts als Fanatismus, Hirngespinnste und Aberglaube; zerstört mußten also diese werden, und so zerstörten sie unter dieser erlogenen Hülle die schönsten Blüten des Himmels und der Humanität." ***)

Man wird den Todfeind des Christenthums, Voltaire, gewiß nicht einer Parteilichkeit für den Jesuitenorden für fähig halten. Und doch vertheidigt er ihn, und es ist nicht unsere Schuld, wenn sein Urtheil über Leute, welche die Jesuiten einer schlechten Moral beschuldigen, ein sehr scharfes ist. Er schreibt nämlich: †)

„Was habe ich die sieben Jahre über, welche ich bei den Jesuiten wohnte," (Voltaire erhielt seine wissenschaftliche Bildung in einem Jesuitencollegium) „gesehen? Ein sehr thätiges, mit vielen Beschwerden verbundenes und dabei äußerst mäßiges und ordentliches Leben. Alle

---

*) A. a. O. S. 510.
**) A. a. O. S. 517.
***) A. a. O. S. 519.
†) Exposition de la vraie doctrine des Jesuites. Avignon 1762.

ihre Stunden waren eingetheilt theils in ihre Schularbeit theils in diejenigen, welche ihr strenger Orden ihnen auflegte. Ich nehme tausend und abermals tausend Menschen zu Zeugen, die gleich mir bei ihnen erzogen wurden und kein Einziger von Allen wird hierin einer Unwahrheit mich beschuldigen können. Ich kann behaupten, daß nichts Widersprechenderes, Ungerechteres, Schändlicheres und die menschliche Natur Entehrenderes gefunden werden könne, als daß es wirklich Menschen gibt, welche solche Männer einer loderen Sittenlehre zu beschuldigen suchen."

Sehr zu bedauern ist nur, daß es diesem Orden in Oesterreich durch die Forderung der Staatsprüfung für Professoren unmöglich gemacht ist, öffentliche Lehranstalten zu übernehmen. Daß es seinen Mitgliedern nicht an der Fähigkeit fehlen würde, diese Prüfung zu bestehen, zeigen die Resultate ihres Wirkens an ihren Gymnasien zu Kalksburg, Feldkirch, Maria-Schein u. s. w. Er hält aber die Erfüllung dieser Forderung für unvereinbar mit der Aufrechthaltung seiner Ordenszucht. *)

Daß der Benedictiner-Orden, der eine so ruhmvolle Vergangenheit in Wissenschaft und Civilisation aufzuweisen hat, auch heute noch für den Unterricht Vortreffliches leiste, hat eine unverdächtige und competente Stimme, der Unterrichtsminister Dr. R. v. Hasner, im Wiener Abgeordnetenhause am 9. März 1869 ausgesprochen, indem er sagte: "Die Erfahrung constatirt, daß der Benedictiner-Orden in seinen Lehranstalten vorzüglich ist. Ich weise auf das Schottengymnasium in Wien hin, ich weise auf Kremsmünster und andere Gymnasien hin."

Eine für Oesterreich noch ziemlich neue Erscheinung sind die Schulbrüder. Nicht so neu sind sie in Frankreich und Belgien. Im Jahre 1863 hatten sie 943 Häuser mit 9016 Brüdern, welche zum größten Theile in diesen beiden Ländern sich befanden. Wir haben bereits gehört, daß diese Genossenschaft eine der ersten war, welche nach der Revolution wieder auflebten.

---

*) Man vernehme hierüber eine Stimme aus dem Orden selbst: Das Wirken der Gesellschaft Jesu in der österreichischen Ordensprovinz (von P. Patiß Provincial der Gesellschaft) Regensburg, Manz 1861.

Napoleon I. sprach sich folgendermaßen über sie aus: *)

„Man behauptet, daß die Elementarschulen der Schulbrüder in den französischen Unterricht einen gefährlichen Geist einführen könnten. Ich begreife den Fanatismus nicht, von dem einige Personen gegen sie erfüllt sind. Dieß ist wahrhaftig ein Vorurtheil; von allen Seiten geht man mich um ihre Wiedereinsetzung an; dieser allgemeine Ruf beweist hinlänglich ihre Nützlichkeit."

In einem Circular, welches Fourcroy im December 1804 an die Präfecten des Kaiserreiches richtete, drückte er sich in folgenden Worten aus:

„Der Generaldirector des öffentlichen Unterrichtes erinnert die Präfecten wiederholt, daß die Brüder der christlichen Schulen sich zu sehr um den Elementar=Unterricht verdient gemacht haben, als daß sie in einem Augenblicke, wo Alles, was nützlich war, seiner Bestimmung wieder zurückgegeben werden muß, vergessen werden könnten."

Im November 1836 bewies B. Cousin der Academie der moralischen und politischen Wissenschaften, daß es nur Eine Classe von Männern gebe, welche ausgezeichnete Lehrer für die Elementar= schulen zu liefern vermöge: die christlichen Schulbrüder, von denen er eine interessante Schilderung entwarf:

„Das Volk, welches arm ist, liebt den christlichen Schulbruder, weil er ebenfalls arm ist. Das Volk, welches auf niedriger Stufe in der Gesellschaft steht, liebt den Schulbruder, weil er demüthig ist. Mag ein Mensch aus dem Volke noch so wenig besitzen, so ist er doch noch reicher als der Bruder, welcher das Gelübde gemacht hat, persönlich nie etwas zu besitzen. Der Schulbruder ist ganz wie geschaffen für den unentgeltlichen Unterricht, denn die Statuten seines Ordens verbieten ihm auf das Bestimmteste jede Annahme einer Bezahlung. Stellen Sie den Lehrer, der aus den gewöhnlichen Classen der Gesellschaft hervorgegangen ist, der Familienvater ist oder es zu werden hofft, mit dem Schulbruder zusammen und vergleichen Sie ihre Lage. Der Eine hat sein Glück zu machen, muß auf Vermehrung seines Vermögens bedacht sein, und sein Wohlbefinden mit den Pflich= ten seines Berufes in Einklang bringen; der Andere hat bereits sein Lebensziel gefunden, er kennt kein anderes, er sucht nichts weiter mehr als Unterricht zu geben; er erwartet nichts von der Welt, seine Blicke sind anders wohin gerichtet. Gibt man dem Schulbruder eine mäßige

---

*) Pélet de la Lozère, Opinions de Napoléon sur divers sujets de politique et d'administration.

Entlohnung, so ist ihm dieses genug, wenn er nur damit leben kann; sein Lohn erwartet ihn am Ende seiner Laufbahn, er rechnet nur auf diesen; ein Schüler mehr ist für ihn um eine Gelegenheit mehr, sich Verdienste zu erwerben, um einen Reichthum mehr für den frommen Schatz, den er sich sammelt. Der Lehrer, welcher kein Schulbruder ist, wird immer, mögen Sie thun, was immer, seine Mühe mit seiner Bezahlung in Vergleich bringen. Sei er Familienvater oder nicht, so ist es nothwendig, daß Sie ihm eine Entschädigung geben, die zu seiner Mühe im Verhältnisse steht, wenn Sie nicht wollen, daß Entmuthigung ihn ergreife; ja, Sie müssen ihm dieselbe geben, wenn Sie gerecht sein wollen. Und wenn sie nicht daran denken, so wird er trotz ihrer daran denken. Er wird um Versetzung einkommen, er wird von Vorrückung träumen, und, angenommen, daß er sie erreiche, wird jeder neue Schüler für ihn ein Zuwachs von Unlust, eine Müh=seligkeit mehr sein...."

Die christlichen Schulbrüder haben bei einer feierlichen Gele=genheit auch den Beifall des Herrn Guizot erhalten. Bei Gelegen=heit der Verhandlung über die geistlichen Congregationen, die sich 1844 in der Pairskammer entspann, sagte Beugnot, daß das Volk, welches kein Freigeist, kein Philosoph sei, die Schulbrüder liebe; „und es hat ganz recht," rief Guizot von seinem Platze aus. Dieses ist so wahr, daß während der Julirevolution die Kämpfenden ihre Kleider auszogen, um die Schulbrüder damit zu bedecken, und so vor jeder Unbill zu schützen. Aber nicht nur in Frankreich ehrt man diese frommen Lehrer. Man liest im „Moniteur belge" vom 12. Decem=ber 1858:

„Der Vicekönig von Egypten hat soeben einen neuen Beweis seiner erleuchteten Toleranz gegeben, indem er den christlichen Schul=brüdern ein Haus einräumte. Mohammed Said hat sich aber damit nicht begnügt, er hat ihnen noch eine Summe von dreißigtausend Francs in Silber zu der Adaptirung dieses Hauses dazugegeben. Die Brüder besaßen früher außerhalb der Stadt ein Haus, welches, sei es durch seine Beschaffenheit oder durch seine Lage, lange nicht die gleiche Wichtigkeit hatte."

Im Jahre 1858 übernahmen sie das Wiener k. k. Waisen=haus. Seitdem hat sich diese Anstalt in jeder Beziehung bedeutend gehoben, was sich leicht daraus erkennen läßt, daß die austretenden Zöglinge im Ueberflusse bei Meistern Lehrplätze finden, während früher das Gegentheil stattfand, und daß die Zahl der Kostzöglinge sich beständig vermehrt. Während die Anstalt aber sich hob, wurde die Verwaltung eine weit billigere. Von 1858—1860 ersparten sie dem Waisenhausfonde 23.000 fl. Bei ihnen entfallen auch die Pensionen, denn sie haben darauf Verzicht geleistet.*)

Im Unterrichte und der Erziehung der weiblichen Jugend genießen einen weitverbreiteten und wohlbegründeten Ruf die Ursulinerinen. Von ihnen schreibt die uns bereits bekannte Madame Jameson:

„Ich muß auch mit Achtung und Bewunderung einer andern geistlichen Congregation erwähnen, nämlich der der Ursulinerinen. Ihr besonderer Beruf ist die Pflege und der Unterricht armer Kinder. Sie haben zahlreiche Schulen für diese Kinder gegründet, lange bevor wir in England noch daran dachten, unsere Asyle und unsere ragged schools einzuführen." (Die Verfasserin erzählt hier die Gründung dieses Ordens durch die heilige Angela zu Brescia; ferner die Errichtung des Hauses zu Dijon durch Francisca von Xaintonge, die unter großem Widerspruche und mit armseligen Mitteln ihr Werk begann, „zwölf Jahre später aber unter Glockengeläute im Triumphe durch die Stadt getragen wurde, während man ihr Blumen auf den Weg streute. Sie hatte gesiegt; die Kirche nahm ihr Werk unter ihren Schutz und mit jener Vorsicht und Weisheit, welche Macaulay einen ihrer charakteristischen Züge nennt, bestätigte sie feierlich dessen Erfolg...) Die Institution der Ursulinerinen verbreitete sich rasch während der folgenden zwei Jahrhunderte. Sie bestanden die französische Revolution mit bewunderungswürdigem Muthe, und obschon die Schwestern zerstreut und ihre Häuser aufgehoben wurden, setzten sie doch jede für sich ihre heilige Aufgabe fort; indem sie die Waisen sammelten und erzogen, deren Eltern am Schaffot gestorben waren, indem sie den Priestern Beistand leisteten, welche dem Sturme entgangen waren, leisteten sie während dieser Unglückstage unendlich viel Gutes."

Ein sprechender Beweis für ihre Thätigkeit ist der Zudrang zu ihren Schulen, z. B. in Wien. Selbst von Ortschaften außerhalb der Linien Wiens besuchen Kinder ihre Schule und dieselbe ist nicht im Stande alle die Ansuchenden zu fassen. Ihr Pensionat zu Währing steht keiner andern höhern Töchterschule nach.

---

*) Alles dieses ist nachgewiesen in der Brochüre: „Hinaus mit den Schulbrüdern" (von A. Wiesinger). Wien, Selch 1861.

Ein höherer Beamter von berühmtem Namen schrieb am Schlusse des letzten Schuljahres an die Vorsteherin dieses Pensionates:

„Diese Gelegenheit glaube ich benützen zu dürfen, um Ihnen meinen wärmsten Dank für die wahrhaft mütterliche Liebe und Nachsicht, welche Ehrwürdige Frau meiner Tochter auch in diesem Schuljahre angedeihen ließen, zu berichten. Ich danke Gott täglich für die Gnade, daß mein Kind in ein Haus gebracht werden konnte, wo es nicht allein eine vortreffliche religiös-sittliche, sondern auch eine ausgezeichnete wissenschaftliche Ausbildung erhält."

Da wir uns mit Vorliebe auf die Zeugnisse Andersgläubiger berufen, so sei noch erwähnt, daß die vortrefflichen Schwestern vom armen Kinde Jesu, welche 1848 gegründet, schon eine für die kurze Zeit sehr große Verbreitung gewonnen haben, bereits viele Zeichen der Anerkennung von Seite der gegenwärtigen Königin Augusta von Preußen erhalten haben. Diese hohe Frau besucht gerne und oft ihre Häuser zu Aachen, Köln und Koblenz. (Bei ihnen lebt auch einer der schönsten Zweige mittelalterlicher Kleinkunst, nämlich die Nadelmalerei wieder auf.)

Sagen wir es offen: Wichtiger noch für die Gesellschaft als die Anfüllung des jugendlichen Geistes mit Kenntnissen ist die Bildung des Herzens durch eine religiöse, von sittlichem Ernste getragene Erziehung! Aber gerade diese Erziehung wird auf Kosten des Unterrichts in der Schule, besonders in den höheren Lehranstalten, und in der Familie so oft bei Seite gesetzt! Gerade dazu fehlt es unserem Lehrerstande am meisten an der eigenen Ausbildung und an der nöthigen Achtung von Seite der Kinder! Gerade da fehlt in den Familien am meisten der sittliche Ernst! Die Erfahrung aber sagt es: Die Kinder, die eine Klosterschule besuchen, sind im Allgemeinen gesitteter, haben mehr Achtung vor ihren Lehrern und Eltern, halten im reiferen Alter mehr fest an guten Grundsätzen.

Wir müssen hier noch hinzusetzen, daß die geistlichen Orden für eine genügende Seelsorge geradezu unentbehrlich sind, denn der Säcularclerus könnte den religiösen Bedürfnissen der Katholiken bei seiner geringen Anzahl nicht genügen. Die Dienste, welche Capuciner, Franciscaner, Redemptoristen, Lazaristen, Dominicaner, Jesuiten auf der Kanzel und im Beichtstuhle leisten, kommen einem wahren Bedürfnisse (namentlich in Wien) entgegen. Das kann freilich nur der beurtheilen, welcher die Berufspflichten des Clerus und die Bedürfnisse des katholischen Lebens genauer kennt.

Die Stifte Oesterreichs, die den Gegnern der Klöster besonders in die Augen stechen, besorgen 452 Pfarreien, 12 Obergymnasien und 4 Untergymnasien. Nach einer genauen Untersuchung der neuesten Schematismen der betreffenden Diöcesen hat sich uns das Resultat ergeben, daß von den 1813 Priestern, welche in den 46 Stiften leben, 1056 in der Seelsorge beschäftigt sind, 329 theils als Professoren der Theologie an öffentlichen oder Hauslehranstalten, als Professoren an Gymnasien und Realschulen wirken, oder, zu weit geringerem Theile, mit der Vorbereitung auf das Lehrfach begriffen sind; daß ferner 286 theils auf die Vorstehungen und geistliche Leitung, theils auf die weltliche Verwaltung der Stifte entfallen, und endlich 61 im hohen Alter den wohlverdienten Ruhestand genießen. 5 Priester wirken als Missionäre in Amerika, ein Priester ist Redacteur einer Zeitung, der Geschichtsschreiber P. Beda Dudik und der Botaniker P. Dominik Bilimek leben der Wissenschaft, drei Priester haben noch den vierten Jahrgang der Theologie zu absolviren. Der noch übrig bleibende geringe Rest von 70 Priestern (also nicht einmal zwei auf ein Stift) ist theils krank, theils eine nothwendige Reserve oder nach kürzlich erst erfolgter Ordination der Anstellung noch gewärtig. In den meisten Stiften aber kommt die Zahl der in einem Amte Beschäftigten der Zahl der Priester des Stiftes gleich. Jeder hat sein Amt, das seine Nothwendigkeit und Berechtigung in der Gesellschaft hat und will er es gewissenhaft verwalten, so bleibt ihm wenig Zeit zum Müssiggange. *)

Wir haben auch wegen der beschaulichen Orden die Schematismen durchsucht und gefunden, daß in den zwölf Diöcesen in

---

*) Eine sehr eingehende Vertheidigung dieser Stifte hat Professor Schulte in seiner kürzlich erschienenen Brochüre: Die Stifte der alten Orden in Oesterreich. Ihre Aufgabe, Stellung, Wirksamkeit. Gießen, Roth 1869, geliefert.

Böhmen, Mähren, Erzherzogthum Oesterreich, Salzburg, Steiermark, Kärnthen, Tirol zwölf Klöster beschaulicher Orden mit 189 Ordenspersonen beiderlei Geschlechts nebst einer entsprechenden Anzahl Laienschwestern sich befinden, von welch' letzteren, weil sie mit den Hausarbeiten beschäftigt sind, man eigentlich nicht sagen kann, daß sie ein rein beschauliches Leben führen. Diese Diöcesen zählen zusammen 10,146.271 Katholiken, also kommen auf zehn Millionen Katholiken hundertneunundachtzig Mitglieder beschaulicher Orden! Es kommt somit noch nicht einmal eine solche Ordensperson auf eine halbe Million! Da verliert doch der Staat wahrhaftig nicht viel an nützlichen Mitgliedern, wenn er überhaupt durch die beschaulichen Orden welche verliert.

Wir glauben nun auf Grund so vieler unparteiischer Zeugnisse an die Beantwortung unserer Frage gehen zu können: „Gewinnt der Staat durch die Aufhebung der Klöster?" Vom Gewinne durch die Einziehung ihrer Güter wollen wir später reden, hier handelt es sich uns um die Aufhebung der Klöster als Körperschaften und das Verbot derselben für alle Zukunft, um das Aufhören ihrer Wirksamkeit. Hat der Staat etwas gewonnen, wenn keine Klöster mehr sind? Selbst wenn wir den günstigsten Fall annehmen, daß alle Jene, die sonst in's Kloster gegangen wären, einen andern bestimmten Stand antreten und in demselben gewissenhaft ihre Pflicht erfüllen, der Gesellschaft dienen? Wir können sagen: Nein, er hätte nichts gewonnen, er hätte im Gegentheil verloren! Er hätte einen Stand zerstört, der ihm Dienste von großer Bedeutung leistet, die unersetzlich sind. Er hätte jenen Stand zerstört, der der geeignetste ist, um seiner zahlreichsten Classe, der Classe der Armen, durch das Beispiel der freiwilligen Entsagung die sittliche Kraft zu verleihen, mit ihrem Loose zufrieden zu sein, sich mit einem besseren Jenseits zu vertrösten; also einer socialen Revolution vorzubeugen, eine unblutige Lösung der socialen Frage anzubahnen. Er hätte jenen Stand zerstört, der nach dem Zeugnisse der Geschichte, erleuchteter Staatsmänner und einsichtsvoller Protestanten der geeignetste, ja der einzig geeignete zu einer menschlichen Pflege der Armen und Kranken, zu einer Linderung der menschlichen Leiden, zur Besserung der Sträflinge und sittlich Verkommenen ist. Er hätte einen Stand zerstört, der für den schweren und so überaus wichtigen Beruf des Lehramtes und der Erziehung die größten Vortheile und die sichersten Garantien bietet, namentlich für den wichtigsten Theil der Volksbildung — für die Erziehung. Er hätte einen Stand zerstört, der in der Seelsorge eine große Lücke lassen würde, welche Schuld wäre, daß das religiöse Leben immer tiefer sinken würde. Wäre das ein Gewinn für den Staat oder wäre es ein Verlust? Kann eine Regierung die Zerstörung eines solchen Standes verantworten? Kann eine Regierung, der an dem Wohle der Staatsbürger, an dem leiblichen und geistigen Wohle derselben gelegen ist, diesen Stand aufheben und für immer unmöglich machen? — Kann der Staat seinen Armen den besten Tröster, seinen Leidenden den besten Pfleger, seiner zukünftigen Generation die besten Erzieher hinwegnehmen, ohne sich selbst den größten Schaden zuzuziehen? Hat denn der Staat wirklich gar keine anderen Interessen als nur die materiellen?

So schließen wir diese Frage mit dem Worte eines Mannes, den wir schon citirt, eines Correspondenten der Revue Britannique aus Turin. Er schreibt:

„Ich weiß es nicht, was sich mit den Mönchen und Nonnen in der Zukunft begeben wird. Werden sie diese Art von Bann überdauern, deren Gegenstand sie im Augenblicke sind? Ich glaube es. In wahrhaft freien Ländern können die geistlichen Orden noch un er meß li ch e Dienste leisten. Ich weiß nicht, ob ich mich vielleicht irre, aber es scheint mir gut zu sein, mir, dem Freidenker, daß der Civilisation sowie einst der Barbarei das Schauspiel von Menschen gegenübergestellt werde, welche aus der Entsagung und dem Opfer die Grundlage des Lebens und die Vorbereitung zum Tode machen."

Vierte Frage:

Gewinnt der Staat, wenn er die Güter der Klöster einzieht?

Die Staaten sind so ziemlich allgemein in finanzieller Bedrängniß; bei auf das Aeußerste angespannter Steuerkraft dennoch ein jährliches Deficit, und ein immer mehr schwindender Credit! Da wendet sich der Blick politischer Quacksalber auf die angehäuften Reichthümer verschiedener Corporationen und namentlich der geistlichen. Sie sollen in diesen Tagen der Noth von ihrem Ueberflusse zum allgemeinen Besten hergeben. Die rechtliche Seite dieser Frage haben wir bereits beleuchtet. Sehen wir nun noch, wie es mit ihrer öconomischen Seite steht, die ja Vielen doch die Hauptsache ist. Wir sprechen hier von den Gütern der Klöster, weil wir eben eine Vertheidigung der Klöster und ihres Besitzthumes uns zur Aufgabe gemacht haben — und zwar speciell von den Gütern der österreichischen Klöster. Vieles davon wird sich auch überhaupt auf das Vermögen des Clerus und der Kirche in Oesterreich anwenden lassen.

Hier kommen vorzugsweise nur die Stifte in Betracht, denn die übrigen Orden und Congregationen: Jesuiten, Lazaristen, Redemptoristen, Capuciner, barmherzige Schwestern, Schulschwestern u. s. w. haben notorisch außer ihren Klostergebäuden und Gärten so wenig Besitz, daß er hier nicht in Betracht kommen kann. Macht der Staat bei der Einziehung der Stiftsgüter schon ein schlechtes Geschäft, so würde es bei diesen umsomehr der Fall sein.

Hier müssen wir vor Allem die übertriebenen Vorstellungen von dem Reichthume dieser Stifte auf das rechte Maß bringen. Von geheimen Schätzen ist keine Rede, die würde man vergeblich suchen, aus dem einfachen Grunde, weil sie nicht vorhanden sind. Das baare Geld läßt sich heutzutage zu gut verwerthen, als daß sich ein Verständiger entschließen könnte, es in den Keller zu sperren.

Der ganze Reichthum dieser Stifte besteht in ihrem Grundbesitze, ihren Grundentlastungsobligationen und dem etwaigen Erträgnisse ihrer Zinshäuser oder industriellen Anstalten (Mühlen, Brauhäuser und dergleichen). Läßt sich das aber geheim halten? Nein, der Grundbesitz ist intabulirt, die Obligationen sind vinculirt, der Staatsverwaltung auf das Genaueste bekannt, die zinsbaren Gebäude kennt das Steueramt gar wohl. Es läßt sich also nach diesen Anhaltspunkten das Vermögen der Stifte mit vollster Sicherheit ermitteln. Da wird nun z. B. in einer Schrift das jährliche Einkommen des Stiftes Tepl mit 223.000 fl. angegeben.

Professor Schulte weist nach authentischen Daten die wahren Einkünfte nach. Der Grundbesitz des Stiftes trägt nach Abzug der Steuern 37.617 fl. 14 kr.; die Grundentlastungs-Obligationen tragen nach Abzug der 10% Einkommensteuer 11.744 fl. 94 kr.; die Häuser, Capitalien, der Brunnen zu Marienbad nach Abzug der Steuern 18.133 fl. 26 kr.; von diesem Gesammteinkommen pr. 67.495 fl. 34 kr. gehen ab: a) Mobiliar-Steuer 829 fl. 1 kr., b) Erbsteueräquivalent 3004 fl. 89 kr., c) Zuschuß zum Religionsfonde 2100 fl., d) Patronatsauslagen aller Art für Pfarren, Schulen, Erhaltung von Gebäuden, Assecuranzen, Kirchenutensilien u. s. w. 11.492 fl.; zusammen 17.425 fl. 90 kr. Aus dem Reste von 50.069 fl. 44 kr. werden vorab bestritten: a) für das Gymnasium in Pilsen die Auslagen mit 5714 fl. 49 kr., b) die Kosten für die auf Universitäten studierenden Cleriker mit 5966 fl. 56 kr., c) baare Auslagen für Arme, Stipendien für dürftige Studierende u. s. w. mit 4209 fl. 83 kr., zusammen 15890 fl. 88 kr. Somit bleiben 34.178 fl. 56 kr. reines Einkommen zur Bestreitung des ganzen Haushaltes im Stifte, für den Unterhalt des Prälaten und seiner Officialen, der Conventsvorsteher, der übrigen im Stifte lebenden Brüder, ungefähr dreißig, sowie der nöthigen Dienerschaft.*) Wie viel bleibt nun Wahres an jenen 223.000 fl.? Nach diesem Muster kann man nun noch folgende Angaben in der erwähnten Schrift berichtigen. Da soll Kremsmünster 191.700 fl., Schotten in Wien 197.000 fl., Heiligenkreuz

---

*) Schulte a. a. O. Seite 54.

93.000 fl., St. Florian 95.000 fl., Ossegg 87.000 fl., Seitenstetten 92.600 fl., St. Peter in Salzburg 87.500 fl., Schlägl 54.000 fl., Göttweih 72.000 fl., Admont 53.000 fl., St. Lambrecht 50.000 fl., Hohenfurt 51.000 fl., Zwettel 50.000 fl. ertragen. Schulte sagt, diese Zahlen seien geradezu lächerlich. Nicht ein Drittel, nicht ein Viertel derselben haben in Wirklichkeit die Stifte.

Die „Neue Freie Presse" hat kürzlich (17. October 1868) Angaben über den Grundbesitz der Stifte gebracht. Da steht Admont mit 147.675 Joch. Da die Angaben von den übrigen Stiften, so weit wir uns überzeugen konnten, richtig sind, mag auch diese Angabe ihre Geltung haben.

Was macht man sich da für einen Begriff von dem Reichthume dieses Stiftes! Nun gibt aber jene obenerwähnte Schrift das Einkommen von Admont mit 53.000 fl. an, das Einkommen von Heiligenkreuz aber, das nur 11.163 Joch besitzt, mit 93.000 fl. Das ist doch kein Verhältniß. Die Lage von Admont in den steirischen Alpen mag dieß erklären; wie viel von den 147.000 Jochen mögen auf kahlen Bergboden entfallen! Also der Reichthum der Stifte ist gewiß kein so fabelhafter, wie sich ihn Viele vorstellen.

Der Staat hätte ferner mit den Gütern der Klöster auch die Ausgaben zu übernehmen, die von denselben bestritten werden. Er kann doch die Gemeinden nicht ohne Seelsorger, Kirchen und Schulen lassen; er kann die Lehranstalten nicht eingehen lassen, welche diese Stifte erhalten; er muß den aus dem Stifte gejagten Geistlichen doch eine Pension geben. Diese Stifte besorgen nun 452 Pfarren und mehr als eben so viele Cooperatorsstellen; nehmen wir also an: 500 Geistliche mit 600 fl. dotirt, 500 mit 300 fl., ferner 452 Pfarrkirchen für ihre jährlichen Ausgaben mit einem Einkommen von 300 fl. dotirt, macht zusammen: 585.600 fl.; erster Posten der Staatsausgaben. Die Stifte besorgen ferner 12 Obergymnasien und 4 Untergymnasien, an diesen sind 180 Lehrer aus den Stiften. Gibt der Staat nun den neuen Professoren nur 800 fl. jährlich und muß er die Anstalten auch in ihren sonstigen Bedürfnissen erhalten, so dürften selbst nach Abzug des Schulgeldes pr. 35.544 fl., das die Stifte jetzt dem Staate abliefern, 200.000 fl. für diesen Zweck nicht ausreichen. Also zweiter neuer Ausgabsposten für den Staat. Endlich sind in diesen Stiften circa 1800 Priester und außerdem noch Laienbrüder; bekommt jeder Priester vom Staate nur 400 fl. Pension, so macht dieß 720.000 fl. So erwachsen dem Staate durch Aufhebung der Stifte allein neue Ausgaben im Betrage von 1,650.600 fl., gering gerechnet. Dabei ist noch nichts für die Volksschulen und die vier Realschulen geschehen, welche von den Stiften unterhalten werden. Man halte nun dieß zusammen mit dem, was wir über das wirkliche Einkommen der Stifte gesagt haben, und kann sich dann einen beiläufigen Ueberschlag machen, welches Geschäft der Staat dabei machen würde. Beim Stifte Tepl z. B. betragen diese Staatsausgaben für die 44 Seelsorgerstationen, 24 Pfarren und 14 Gymnasialprofessorsstellen 64.800 fl. Man halte diese mit den Einkünften des Stiftes zusammen!

Der Staat hat ferner von den Stiften Einkünfte, die er nur so lange hat, als sie geistliches Eigenthum sind. Sie zahlen alle Steuern, die jeder andere Staatsbürger zahlt; außerdem aber zahlen sie, wie schon erwähnt, das Erbsteuer-Aequivalent, die Mobiliarsteuer, den Zuschuß zum Religionsfonde, der auch dem Staate zu Gute kommt, weil er dafür um so weniger dem Religionsfonde gibt, endlich die Wahltaxen. (Siehe Seite 27, Anmerkung.) Tepl allein hat an Wahltaxen vom Jahre 1802—1843 zusammen 64.767 fl. 25 kr. gezahlt.

Der Zuschuß zum Religionsfonde ist für die Stifte mit 45.766 fl. festgesetzt. Rechnet man zu diesem also noch die übrigen besonderen Steuern, im beiläufigen Betrage von 100.000 fl. hinzu, so sind es 145.000 fl., die der Staat jährlich nur so lange einnimmt, als die Stifte in ihrer gegenwärtigen Eigenschaft bestehen.

Das nennt man in Oesterreich „die Güter der todten Hand!" Diese todte Hand leistet mehr als die lebendigen! Bei Privaten kommt gewiß nicht durchgehends alle zehn Jahre eine Besitzveränderung vor, für welche die Erbsteuer zu zahlen wäre; die Stifte aber haben alle zehn Jahre diese Steuer für ihr ganzes Besitzthum zu zahlen; außerdem zahlen sie dieselbe in jährlichen Raten, wodurch das Erträgniß dieser Steuer sich noch erhöht.

Wo würden ferner Private, wenn sie den Besitz der Klöster nach ihrer Aufhebung an sich brächten, das für das allgemeine Beste leisten, was diese Stifte, nachdem sie alle übrigen Lasten des Privatmannes getragen haben, außerdem noch leisten. Z. B. das Stift Schotten in Wien hat ein Gymnasialgebäude hergestellt, welches (1807) über 70.000 fl. kostete. Jetzt unterhält das Stift auf eigene Kosten im Ganzen dreiundzwanzig Professoren und Lehrer. Die geistlichen Professoren haben außer der Wohnung und Unterhalt nur jährlich 100 fl. für Remuneration auf Bücher. Das Schulgeld, welches eingeht, bezieht nicht das Stift, sondern die Regierung verwendet es auf Stipendien. Aber nicht nur, daß das Stift Schotten das Gymnasium ganz und gar aus eigenen Mitteln erhält — es zahlt für das Gymnasialgebäude auch noch Steuern!!

Das Gymnasium in Mölk (mit einem Convicte) kostet dem Stifte, abgesehen vom Gebäude, jährlich in runder Summe 15.000 fl. Dasselbe gilt von Kremsmünster, Seitenstetten u. s. w. und allen Stiftsgymnasien. Was kostet aber dem Staate die Erhaltung nur Eines Obergymnasiums?

Der Curort Marienbad ist eine Schöpfung des Stiftes Tepl. Das Stift gab Bauplätze und Baumateriale theils unentgeltlich, theils um den möglichst billigen Preis, um Ansiedler anzuziehen. Die Curtaxe reichte bei Weitem nicht aus, die nöthigen Bauten und Anlagen zu unterhalten. Man deckte den Abgang aus den Stiftsrenten.

Diese hatten bei der Uebergabe des Curfondes an die neu creirte l. f. Curcommission im Jahre 1850 die Summe von 48.764 fl. zu fordern, auf deren Ersatz das Stift verzichtete. Das Stift erhält alle öffentlichen Gebäude (Brunnen, Säle u. s. w.) aus Eigenem, beansprucht keinen Kreuzer dazu aus dem Curfonde; es hat für Promenaden und Wege bereits 40.000 Currentklafter Grund gewidmet, muß diesen noch versteuern. Es hat eine Schule, eine Kirche, und diese allein mit dem Kostenaufwande von 200.000 fl. C. M. gebaut. Großartig ist die Wohlthätigkeit des Stiftes gegen die Bedürftigen jeder Confession und Nation, welche die Cur gebrauchen. Es führt die Verwaltung des Curhospitals unentgeltlich, bestreitet die Instandhaltung desselben, beschafft die nöthigen Einrichtungsstücke aus Eigenem. In demselben werden jährlich 110—120 curbedürftige Arme aufgenommen und verpflegt. Das Stift gab außerdem im Jahre 1868 an Unbemittelte in und außer dem Curhospitale 4627 Bäder jeder Art unentgeltlich, dann 2443 um einen ermäßigten Preis. Diese würden einen Geldbetrag von 4195 fl. repräsentiren. Im Jahre 1868 wurden 11.681 Krüge und Flaschen Mineralwasser im Werthe von 2437 fl. 48 kr., ohne die Fracht zu rechnen, gratis versendet, an Krankenhäuser u. s. w.

Das Stift betrachtet die Hebung Marienbads als Ehrensache, scheut deßhalb keine Kosten.

Das ganze Reinerträgniß des Jahres 1868 wurde verwendet für die im Interesse des Ortes projectirten und theilweise in Angriff genommenen Bauten, als: Aufführung eines neuen Badehauses, Einrichtung einer neuen Erwärmungsart der Stahlbäder, Heraufleitung des Ferdinandsbrunnens. Zu diesem Zwecke wird sicher auch das ganze Reinerträgniß von 1869 und 1870 in Anspruch genommen werden müssen. (Die Leitung des Ferdinandsbrunnens in die Stadt, die dieser allein zu gute kommt, kostet 60.000 fl.)

Ohne das Stift würde Marienbad schwerlich auch nur ein Schatten von dem sein, was es ist. Ohne das Stift müßte sich die Stadt, wollte sie den Curort auf seiner Höhe erhalten und stets denjenigen Anforderungen genügen, welche man an einen Curort ersten Ranges stellt, in Schulden stürzen, da man nicht in einem fort die Curtaxe erhöhen kann. Bedenkt man nun, daß Marienbad dem Orte und der Gegend unermeßliche Summen einbringt, wenn man auch nur eine halbe Million als jährlichen Verzehr der Fremden annimmt, so dürfte die Bezeichnung des Stiftes als eines großen Wohlthäters der Gegend gewiß gerechtfertigt sein. Der letzte Prälat hat aus seinen Ersparnissen in Einsiedel für die dortige arme Bevölkerung ein Haus gebaut, mit großem Garten und eigenem Feld dotirt und armen Schulschwestern zur Erziehung der weiblichen Jugend übergeben. Dabei sind alle Gebäude des Stiftes, Kirchen, Patronatsgebäude stets im besten Zustande. *)

---

*) Brunner, die Mysterien der Aufklärung in Oesterreich. Mainz, 1869. S. 368. Schulte a. a. O. S. 55 ff.

Wo hat ein Bankier, der reicher ist als zehn solche Stifte zusammen, seit Jahrhunderten etwas Aehnliches gethan?

Was gewänne also der Staat durch die Einziehung der Klostergüter? Die Zeitschrift „Grenzboten," welche nichts weniger als klosterfreundlich ist, kommt im Jahrgange 1869 I. S. 191 nach einer angestellten Berechnung zu dem Resultate: „Alles zusammengerechnet scheint uns, daß der Staat (Oesterreich) bei Einziehung der Stifte mit ihrem Vermögen nicht die Lasten bestreiten könnte, welche er übernehmen müßte... Deßhalb ist die verbreitete Hoffnung, den österreichischen Finanzen durch die Stiftsgüter aufzuhelfen, eben so trüglich wie manche andere."

Noch gewisser wird dieses, wenn man bedenkt, was zu allen Zeiten die Säcularisirung der Klostergüter wirklich eingetragen hat. Uebernähme der Staat diese Güter in eigene Verwaltung, so könnte er bei seinem kostspieligen Verwaltungswesen unmöglich dieselben Einkünfte herausbringen und dasselbe leisten, wie die Stifte, welche sich selbst verwalten und durch das gemeinschaftliche Leben die Bedürfnisse des Einzelnen auf ein Minimum herabsetzen. Was der Staat dabei gewänne, kann man auch aus dem schließen, was die Staatsgüter, die er in seiner eigenen Verwaltung hatte, bisher getragen haben.

Ohne Zweifel würden die Klostergüter zum größten Theil verkauft werden. Würde der Staat aber den wahren Werth dafür bekommen? Selbst wenn jene 64 Millionen, (siehe S. 30. Anmerkung) welche der Werth der Klostergüter betragen soll, Wahrheit wären, würden sie vollzählig einkommen? Würde er nur ein so großes Capital herausbringen, daß die Rente desselben halbwegs zur Deckung der Lasten hinreicht, die er übernimmt? Die Erfahrung läßt das Gegentheil für wahrscheinlicher halten. Würden auf einmal viele solcher Gütercomplexe feilgeboten, so würde dadurch der Werth von Grund und Boden bedeutend sinken. *) Ferner, wie

---

*) Der Grundbesitz der Stifte und Klöster beträgt im sogenannten Cisleithanien 538.960 Joch, die Kirchengüter überhaupt betragen an Grund und Boden 1,557.164 Joch. „Neue Freie Presse" vom 17. October 1869.

Lavergne*) sagt, indem man diese Güter zum Verkauf bringt, schafft man nicht auch zugleich die nöthigen Capitalien, um sie gut an Mann bringen zu können. Man ist gezwungen sie wohlfeil hinzugeben. Vielleicht würde etwas Aehnliches eintreten wie in Frankreich bei Einziehung der Kirchengüter. Man machte Mirabeau, dem Vertheidiger dieser Einziehung, den Einwurf: „Man kann doch nicht alle diese Ländereien auf einmal verkaufen!" „Nun, so werden wir sie verschenken," antwortete Mirabeau. **)

Wie ging es unter Kaiser Josef in Oesterreich? ***)

„Die Klostergüter wurden zu jämmerlichen Preisen an Speculanten verschleudert und immer weit unter dem wahren Werthe hintangegeben, so daß die Käufer manchmal in einem oder zwei Jahren aus den Waldungen allein die ganze Kaufsumme herausschlugen, ihnen somit der ganze andere Gütercomplex als Geschenk in die Tasche fiel." Das Königskloster am Josefsplatze in Wien, der k. k. Hofbibliothek gegenüber gelegen und bis in die Dorotheergasse sich erstreckend, wurde auf 30.000 fl. geschätzt. Der Wiener Stadtrath bot 60.000 fl. baares Geld und löste im parthienweisen Verkaufe 125.000 fl. (!) dafür ein. So ging es nahe der kaiserlichen Burg, unter den Augen des Kaisers! Das Dominicanerkloster zu Imbach bei Krems, Kirche, Wohngebäude u. s. w. wurde auf Antrag des jetzt so gefeierten Sonnenfels (echt „brüderlich") an den Grafen von Kuffstein ohne Licitation um 1420 fl. (!) überlassen. Gegenwärtig liegen die Gebäude in Ruinen. Wo sind jetzt die 1420 fl.? Stünde das Kloster noch, so trüge es dem Staate doch noch die Steuern! Mit den Kirchen wußte man gar nichts anzufangen; viele wurden daher um den Materialwerth an den Meistbietenden losgeschlagen. Die schöne gothische Kirche zu Maria Stiegen in Wien schenkte der Kaiser dem Wiener Magistrate; sie sollte abgebrochen und in ein Versatzamt umgestaltet werden; da

---

*) Économie rurale de la France depuis 1789.
**) Ebendaselbst.
***) Wir folgen hier dem durchwegs aus authentischen Documenten geschöpften Werke von Sebastian Brunner: Mysterien der Aufklärung u. s. w. Seite 256—384.

aber das Baumaterial zu großen Widerstand geleistet und die Kosten der Abbrechung nicht ersetzt hätte, bedankte sich der Magistrat für das Geschenk.

So wurde diese Kirche und aus gleicher Ursache noch manche andere gerettet. Wie vandalisch wurde erst mit den vorhandenen Schätzen der Kunst und Wissenschaft verfahren! Wie Mailath in seiner „Neueren Geschichte der Magyaren" sagt, kamen die meisten Alterthümer in die Hände von Mäklern und Juden, wurden eingeschmolzen und gingen unwiederbringlich verloren. Der größte Sammler ungarischer Alterthümer, Niclas Jankovits, hat die schönsten, kostbarsten Stücke seiner Sammlung, die dem National-Museum zu Pest um 300,000 fl. verkauft wurden, zur Zeit Josefinischer Klosteraufhebung noch als junger Mann mit seinem Taschengelde von Juden erstanden. (So wenig schätzte man damals Kunstwerke, daß der Commandant der Militäracademie zu Wiener-Neustadt die Fenster der Burgcapelle mit kostbaren alten belgischen Glasmalereien zertrümmern und aus den farbigen Scherben Flaschen gießen ließ!) Silber und Prätiosen kamen größtentheils in die Hände einer jüdischen Gesellschaft, die sich in Wien zu Anfang der Regierungszeit Kaiser Josefs niedergelassen und schon bei Zeiten einen Antrag auf Ankauf sämmtlicher Güter und Schätze der Klöster dem Kaiser überreicht hatte. Die Organe der Regierung bei dieser Klosteraufhebung waren überdieß so sehr auf ihren eigenen Vortheil bedacht, daß sie der Kaiser selbst einmal in einem Handbillet als Räuber bezeichnete.

Wie würde es denn in unserer Zeit bei einer Klosteraufhebung zugehen? Die Ehrlichkeit und Gewissenhaftigkeit steht wohl jetzt nicht in größerer Blüthe als zur Zeit Kaiser Josefs! — Wie viel würde also der Staat gewinnen. *)

---

*) Die „Neue Freie Presse" befürwortete in dem schon erwähnten Artikel: „Die Güter der todten Hand," wenn auch nicht ausdrücklich, so doch verständlich genug eine Einziehung dieser Güter und führte als Grund die volkswirthschaftlichen und socialen Gefahren der Güteranhäufung in Einer Hand und die große materielle Macht an, welche der Grundbesitz der Kirche im Staate verleiht. Ihr, die den Staat nicht auf christlicher Grundlage erbaut sehen will, muß es freilich sehr unlieb sein, wenn die Bischöfe und Prälaten, welche durch die Aufhebung der alten Ständeverfassung aus der Volksvertre=

Verlangt es aber vielleicht eine gesunde Volkswirthschaft, daß die Güter der Klöster eingezogen werden, würde das Volk dadurch reicher werden? Lavergne sagt in dem schon angeführten Werke:

„Es ist sehr gut, daß gewisse Arten von Gütern der Beweglichkeit des Privateigenthums durch die todte Hand entrissen werden. Nicht zu reden von Denkmälern, Statuen, Gemälden, Bibliotheken, die in Wirklichkeit nur dort hinterlegt sind zum Gebrauche der aufeinanderfolgenden Generationen, kann man hier die Wälder anführen. Die Wälder des Clerus, welche von Speculanten angekauft wurden, existiren nicht mehr. In den sehr seltenen Fällen, wo gute Wiesen oder fruchtbare Aecker an ihre Stelle getreten sind, kann man sich noch Glück wünschen; meistens aber nimmt ihre Stelle jetzt schlechtes Schlagholz oder unfruchtbares Land ein und man beklagt bitter ihr Verschwinden. Jene, welche der Staat besitzt, sind besser im Werthe geblieben; aber diese sind jeden Augenblick bedroht, gleichfalls zu verschwinden. Dasselbe hat auch Geltung bezüglich der Felder. Wenn nur z. B. der zwanzigste Theil des bebauten Bodens von unsern beständigen Besitzveränderungen verschont geblieben wäre, so hätte die Feldwirthschaft mehr gewonnen als verloren. Man klagt, daß es Frankreich an guten Pächtern mangle; es ist kein Zweifel, daß daran auch theilweise die Abwesenheit eines unveräußerlichen Besitzthums Schuld sei. Der größte Theil der Ländereien des Clerus war verpachtet, die Pächter hatten sehr günstige Pachtbedingungen und bereicherten sich, so daß, als diese Güter verkauft wurden, in der Regel sie die Käufer waren. Dieser Umstand hat gewiß dazu beigetragen, daß die Capitalien, welche sonst zur Cultur dienten, nun zum Ankaufe von Besitzthum verwendet wurden und dieß ist einer der Hauptfehler unserer Landwirthschaft. Fast Alles, was in der Cultur des Bodens nur durch Reichthum und Consequenz erreicht werden kann, hat bei uns seinen Ursprung unter dem Schatten der Klöster genommen; unsere vorzüglichsten Weingärten sind durch geistliche Orden angelegt worden und konnten nur Schaden leiden, als sie aus ihren Händen kamen; der Gartenbau verdankt ihnen seine besten Schätze an Blumen wie an Früchten; die Viehzucht endlich, diese Grundbedingung für das Gedeihen der Feldwirthschaft, fand besonders in ihren Stallungen die

---

tung hinausgeschoben wurden, nun als Großgrundbesitzer wieder hereinkommen. Was den ersten Grund anbelangt, so meinen wir, daß die Güteranhäufung in den Händen der „Neuen Freien Presse" und ihrer Freunde mindestens ebenso gefährlich ist, als in den Händen der Bischöfe und Prälaten! Also gleiches Recht für Alle!

wichtigsten Erfordernisse für die Erhaltung und Vervollkommnung der Racen vor."

Auch in den österreichischen Stiften ist die Bewirthschaftung der Güter meistens eine sehr gute. Das Stift Klosterneuburg läßt sich Vieles kosten, um den Weinbau zu heben; das Stift Braunau ist berühmt durch seine Forstcultur. Thatsache ist es, daß die neueren Erfindungen der landwirthschaftlichen Chemie und Technik im Allgemeinen an den Landleuten spurlos vorübergehen, bis nicht der Großgrundbesitz damit begonnen und Erfolge erzielt hat. Eine allgemeine Zerstücklung von Grund und Boden wäre also gewiß nicht zum Vortheil des Nationalwohlstandes.

Würde das Volk durch die Einziehung der Klostergüter reicher werden? Wie, wenn der größte Theil des Grundbesitzes in die Hände der Capitalisten oder der Actiengesellschaften käme, wie es wahrscheinlich ist? Ob durch das Gebahren dieser Capitalisten und Gesellschaften das Volk reicher werde, wird heutzutage stark bezweifelt. Auch für die Armen fällt nicht so viel von ihrem Tische, wie vom Tische der Klöster. Es ist aber gewiß sehr richtig, was Cobbett in seinem bereits citirten Werke über die englische Reformation sagt:

„Ich frage nochmals, was ist der Sinn der Worte: Nationalreichthum? Was ist oder was soll der Zweck jeder Regierung und jeder Einrichtung sein? Das Glück des Volkes. Aber dieser Mann (Hume) scheint wie Adam Smith die Idee zu haben, es könne bei dem größten individuellen Elend Nationalreichthum geben. Sie scheinen immer das Volk als eben so viel Stück Vieh zu betrachten, das für ein unbestimmtes Etwas arbeitet, was sie „das Nationalwohl" nennen. Bei ihnen frägt es sich nicht, ob das Volk, zu dessen Wohl jede Regierung gegründet ist, gut oder elend daran sei, sondern ob „der Staat" Geld oder Geldeswerth gewinne oder verliere." *)

Cobbett hat sein ganzes Werk in der Absicht geschrieben, um zu beweisen, daß England vor der Reformation reicher und glücklicher war, als nach derselben. Er führt hiezu auch die Geständnisse des Philosophen Hume an, „dessen beständiges Ziel war, die katholischen Institutionen zu verschwärzen." Dieser mußte zugeben, daß „die Mönche, die stets auf ihren Gütern lebten, ihrer Umgebung

---

*) Cobbett a. a. O. II. S. 97.

einen beständigen Gewinn verschafften; daß sie, da sie nicht solche Ursachen zum Geize hatten, wie andere Menschen, die besten und nachsichtigsten Gutsherren waren; daß, als die Kirchengüter Privateigenthum wurden, die Pachtzinsen erhöht, die Einkünfte entfernt von den Gütern verzehrt und die Pächter der Habsucht von Aufsehern preisgegeben wurden; daß ganze Ländereien wüst liegen blieben; daß die Pächter vertrieben und sogar den Häuslern die Gemeindeweiden entzogen wurden, auf denen sie ehedem ihr Vieh genährt hatten; daß ein großer Verfall des Volkes und eine Abnahme des frühern Wohlstandes verspürt wurden; .... daß in allen Theilen des Königreichs Klagen gehört wurden." *) Er hätte noch hinzusetzen können, daß in dieser Zeit die Armensteuer eingeführt wurde, die, so enorme Summen sie verschlang, doch nicht hindern konnte, daß das englische Volk aus seinem früheren Wohlstande immer tiefer in Armuth versank.

Wir wollen nicht sagen, daß die Klöster mit ihren Mitteln im Stande wären, die auch in Oesterreich schon gewaltig eingerissene Verarmung verschwinden zu machen, dazu wäre eine großartige Liebesthätigkeit aller Wohlhabenden und die Mitwirkung des Staates nothwendig. Aber die Klöster leisten doch immer noch Großes für die Armen und ihre Unterstützungen würden vom Volke schwer vermißt werden.

Also weder Staat noch Volk in Oesterreich würden durch die Einziehung der Klostergüter gewinnen, sondern verlieren. Nebst diesem materiellen Nachtheile ist gewiß auch der moralische Schaden zu berücksichtigen, den dieser gewaltsame Raub am Klostergute in den Gewissen und in den Rechtsbegriffen des Volkes anrichten würde. Wie sollte das Volk dann ferner das Eigenthum achten? Wie soll aber ein Staat im Wohlstande blühen, wo das Eigenthum nicht geachtet wird? —

Es ist eine allgemeine Erfahrung, die man besonders seit dem vorigen Jahrhunderte machen konnte, daß kein Land durch Einziehung der Kirchengüter reicher, sondern jedes nach derselben ärmer geworden ist. Nach der Einziehung der Klostergüter unter Kaiser

---

*) Ebendaselbst II. S. 95.

Josef in Oesterreich erfolgte der Staatsbankerott im Jahre 1811. Und Kaiser Josef fand doch noch mehr Klostervermögen vor, als man jetzt vorfinden würde. Das Klostergut wurde in Staatspapiere verwandelt, der reelle Ertrag ist dahin, die Schuld ist geblieben und die Bewohner des Landes zahlen dafür die höhern Steuern! — Spanien und Italien sind trotz Einziehung der Kirchengüter financiell ruinirt und moralisch zerrüttet. Es findet gewiß auch im Großen seine Bestätigung, daß auf ungerechtem Gut kein Segen ruht. Dieser Spruch mag altmodisch geworden sein, aber wie es so oft bei dem Alten geht, er ist bewährter als mancher neue Spruch. Auch Kaiser Franz I. hat sich öfter zu seiner Umgebung über die Veräußerungen der Kirchengüter also ausgesprochen: „Ich für meine Person trage keine Schuld daran, meine Vorfahren haben es gethan; es kann aber bei den Finanzen kein Segen sein, denn der ungerechte Kreuzer frißt den Gulden." *)

---

*) Brunner a. a. O. S. 384.

Schluß.

Auch im freien Staate also, wo ja Religionsfreiheit und Vereinsrecht allen Confessionen gewährt ist, kann von einer gewaltsamen Aufhebung der Klöster keine Rede sein. Zur Wahrung der „persönlichen Freiheit" genügt es, wenn die Gesetzgebung nicht duldet, daß Jemand gezwungen in's Kloster gehe oder im Kloster bleibe, das Uebrige geht die weltliche Macht nichts mehr an. „Man könnte nicht, ohne die Freiheit selbst zu verletzen, mit Gewalt Jene aus dem Kloster jagen, welche dort bleiben wollen." *) Ebenso unverletzlich ist das Eigenthumsrecht der Klöster, das auf gesetzliche Weise erworben worden ist. Der Staat würde ferner, wie wir uns überzeugt haben, durch Aufhebung der Klöster einen für ihn sehr nützlichen Stand zerstören und neue Lasten auf sich nehmen, ohne eine genügende Entschädigung dafür. Wie kann nun vom Staate gefordert werden, daß er ein offenbares Unrecht begehe und noch dazu zu seinem eigenen Schaden? Das können nur Solche thun, die ihren eigenen Nutzen dabei suchen und sich um's Recht nicht kümmern, oder Solche, die der Haß gegen die Klöster verblendet und antreibt oder die Unwissenheit, die politische Kindheit.

Wie kommt es aber nun, daß in Oesterreich unter den Augen der Regierungsorgane solche Forderungen, die gegen alles Recht gehen, laut ausgesprochen werden durften? Würde man eine Volksversammlung gestatten, die einen Plan zu einem Raubzuge gegen Staats- oder anderes Privateigenthum verhandelt? Würde der Regierungscommissär nicht die Versammlung schließen und die Antragssteller gerichtlich belangen lassen? Oder macht das vielleicht den Unterschied, daß diese „Volksmänner" nicht in eigener Person den Raub und Rechtsbruch begehen wollen, sondern in einer Petition dem Reichsrathe zumuthen, ihn zu begehen? Oder hat die Regie-

---

*) Lavergne, a. a. O.

rung sich vielleicht nach eingehender Untersuchung überzeugt, daß die Klöster sammt und sonders staatsgefährliche Anstalten seien, der Staat also das Recht und die Pflicht habe, sie aufzuheben? Warum legt die Regierung dann nicht selbst diese Beweise den gesetzgebenden Organen vor und stellt den Antrag auf Aufhebung? Oder hält sie den Zeitpunkt noch nicht für geeignet? —

Wie kommt es, fragen wir weiter, wenn die Aufhebung der Klöster eine so arge Verletzung der Religionsfreiheit und des Vereinsrechtes der Katholiken ist, die schönste Blüthe der katholischen Religion zerstört und unmöglich macht, wie kommt es dann, daß die Katholiken Oesterreichs nicht in Masse sich gegen derlei Umtriebe erhoben und die Wahrung ihrer religiösen und politischen Rechte verlangt haben? Da gäbe es vielerlei zu antworten. Vielleicht haben sie gedacht, es sei wegen dieser einigen Klosterstürmer noch keine Gefahr.

Aber diese Gefahr wird größer, wenn sie keinen Widerstand findet. „Principiis obsta!" hat ein alter Heide gesagt; „widerstehe den Anfängen!" Das Wahre an der Sache ist, daß die Katholiken Oesterreichs überhaupt noch nicht allgemein gelernt haben, von ihren politischen Rechten für ihre Religion Gebrauch zu machen; und daß es leider noch viele Katholiken gibt, denen die Interessen ihrer Religion sehr wenig nahe gehen, ja die nicht einmal wissen, was zum Wesen ihrer Religion gehört.

Warum haben aber die Organe der öffentlichen Meinung, warum haben die Tagesblätter, die doch den Beruf haben, für wahre Freiheit und für das Recht Aller Vorkämpfer zu sein, nicht gegen solche Anträge geeifert? Naive Frage! — Klosterscandale bringen, mögen sie auch total erlogen sein, über Ultramontanismus schimpfen und Aufklärung predigen, mag es in den Köpfen auch noch immer finsterer und verworrener werden, dem süßen Mob eine Hetze bereiten, allen verlotterten Leuten, denen Gelübde, Gebet, Tugend u. s. w. ein Greuel sind, ein Seelengaudium verschaffen — das trägt ja jetzt mehr, als sich um das Recht von Mönchen und Nonnen anzunehmen. Und unsere Tagespresse ist vorwiegend praktisch gesinnt; Recht, Religion und dergleichen, das sind ihr nur lauter ideale Dinge, Geld allein ist etwas Reelles! Zahlen sie doch die Katholiken selbst gut dafür, warum soll sie es nicht thun? Erwarte Niemand von ihr eine höhere Gesinnung!

Ein Voltaire, der sich verschworen hatte, das Christenthum zum Untergange zu bringen, hat geschrieben:

„Es gibt kaum ein Kloster, das nicht bewunderungswürdige Seelen beherbergt, die der menschlichen Natur Ehre machen. Die Verbrechen, welche sich Ordensleute zu Schulden kommen ließen, sind nur deßhalb so bemerkt worden, weil sie mit ihrer Regel in so großem Gegensatze stehen ... Vielleicht gibt es auf Erden nichts Größeres, als das Opfer, welches ein zartes Geschlecht mit der Schönheit und der Jugend, oft mit der hohen Geburt und dem Reichthume bringt, um in den Hospitälern jenem Zusammenflusse alles menschlichen Elends zu Hilfe zu kommen; dessen Anblick für den menschlichen Stolz so demüthigend ist und unsere Weichlichkeit so in Aufruhr versetzt. Die Völker, welche von der römisch-katholischen Gemeinschaft getrennt sind, haben nur unvollkommen eine so hochherzige Liebe nachgeahmt."

Wir wissen auch, welches Zeugniß er den Jesuiten gab.

Ein Proudhon, der sich in seinem Wahnsinn des Unglaubens so weit verirrt, daß er sagt: Gott, der Glaube an einen Gott, das ist das Uebel, das ist die einzige Ursache aller Uebel in der Welt, hat geschrieben:

„Ich gestehe, daß die Liebe vieler Personen des weiblichen Geschlechtes, die durch Geburt, durch Erziehung und Vermögen zu den ausgezeichnetsten gehören, und die sich zu Pflegerinen ihrer Schwestern in Christo machen, in der Erwartung, daß eine bessere Gesellschaft ihnen erlaube, ihre Mitarbeiterinen und Gefährtinen zu werden, mich rühre und ergreife, und ich würde mich vor mir selbst entsetzen, wenn jemals meiner Feder, indem ich von den Pflichten rede, welche diese edlen Seelen mit so viel Liebe erfüllen, und die ihnen durch nichts auferlegt werden, ein einziges Wort entschlüpfen würde, das Ironie oder Verachtung ausspräche. — O ihr heiligen und muthigen Frauen! Eure Herzen sind eurer Zeit vorausgeeilt, und wir, armselige Praktiker, falsche Philosophen, falsche Weisen haben es zu verantworten, daß eure Bemühungen keinen Erfolg haben. Möchtet ihr einst euern Lohn erhalten." *)

So hoch vermögen sich aber unsere Tagesblätter nicht zu erschwingen. Und sie bilden in Oesterreich vielfach die öffentliche

---

*) Contradictions économiques.

Meinung, so tragen sie zur Volksbildung bei, so wirken sie zum Neubau Oesterreichs mit!

Mögen die Katholiken Oesterreichs einmal zeigen, daß ein gerechter Stolz auf die Einrichtungen ihrer Kirche, auf ihre Orden auch sie erfülle, und daher nicht mehr dulden, daß dieselben so geschmäht und verfolgt werden, sondern zu ihrer Vertheidigung beitragen; mögen sie aber auch noch weiter gehen und die Vermehrung ihrer Anstalten nach Kräften betreiben! — Oesterreich ist hierin noch weit zurück, besonders gegen Frankreich und Belgien, und es ist auch das mit Ursache, daß die Orden nicht in solcher Achtung stehen wie dort, weil man ihr Wirken nicht so kennt und sieht, weil sie noch viel zu wenig verbreitet sind. Insbesondere für Armen- und Krankenpflege und für Schulen und Erziehungsanstalten sind sie ein wahres Bedürfniß und müßten den Grund legen zu einer bessern Zukunft. Mögen aber auch Alle, die noch einen ehrlichen Sinn für wahre Freiheit und für das Gute, mögen sie es wo immer sehen, und ein warmes Herz für ihre armen und leidenden Mitmenschen im Herzen haben, sollten sie auch nicht einmal Katholiken sein, entschieden ihren Abscheu vor solchen öffentlichen Schmähungen gegen einen ganzen Stand der katholischen Kirche, vor solchen ungerechten Forderungen, wie sie an die Regierung gestellt wurden, aussprechen und auch den katholischen Orden ihre öffentliche Anerkennung nicht versagen! Viele gibt es, welche das Gute wohl erkennen aber nicht auszusprechen, und noch weniger die Einführung derselben zu befürworten wagen, aus Furcht vor dem Gespenste der öffentlichen Meinung. Dr. Wittelshöfer, ein Jude, hat jüngst in seiner „Medicinischen Wochenschrift," die seiner Zeit wacker gegen die Wiedner Spitalschwestern mitkämpfte, den „clericalen Wärtern und Wärterinnen" das Zeugniß gegeben, daß „der Kern des Wartdienstes, die philanthropische Seite und das humane Betragen mit Recht als ein Glanzpunkt ihres Wirkens bezeichnet werden kann." *) Es macht ihm alle Ehre, daß er dies in unserer Zeit offen ausspricht. Dieselbe Ueberzeugung mögen noch viele Andere haben, aber für eine wirkliche Einführung dieser Orden in die Spitäler und

---

*) „Oesterreichischer Volksfreund," 1869. Nr. 146. Feuilleton.

dergleichen wagt man doch nicht einzutreten. Wie lange noch wird Oesterreich unter diesem Banne seufzen! Wann wird doch die Herrschaft der Lüge ihr Ende nehmen!

Möge durch das Concilium auch in Oesterreich das Ordensleben einen neuen Aufschwung nehmen und seine Segnungen über dieses Land ergießen!

Bischof Wittmann, der an Wissen und guten Werken die Meisten seiner Zeit übertraf, sagte oft: „Weder für Kirche noch Staat werden bessere Zeiten kommen, so lange nicht wieder Vereine frommer Seelen aus der Erde aufsprossen, die auf dem Berge mit zum Himmel erhobenen Händen betend wider die unsichtbaren Mächte der Finsternisse, d. i. dieser Welt, ringen und kämpfen, während die übrigen Kinder Israels im Thale mit sichtbaren Waffen wider die sichtbaren Feinde streiten." Und der große Mann, der heute am Ruder der Kirche steht, und mit hellem Auge die Bedürfnisse der Zeit überschaut, Pius IX. sprach einst in einer Conferenz des Vincentiusvereins zu Rom: „In unserem so kaltherzigen, für alle heiligen Interessen der Menschen so gleichgiltigen Jahrhunderte schätzt die Welt die Tugenden nicht, welche der Katholicismus einflößt. Protestanten, wie Ungläubige stimmen darin überein: die Demuth für niedrige Gesinnung, die Keuschheit für ein Unrecht gegen die Natur und den apostolischen Eifer für Fanatismus zu halten; die Liebe allein wird hiebei von Allen ausgenommen. Sie also ist ein kräftiges Mittel, um die Seelen auch zum Glauben wieder zurück zu führen."

Diese Liebe aber findet ihre höchste Vollendung auf Erden in den katholischen Orden.